# 原始キリスト教の「贖罪信仰」の起源と変容

大貫 隆［著］

YOBEL,Inc.

# 凡例

・聖書の引用は原則として新共同訳（一九八七年）に準ずるが、必要に応じて岩波訳（合本版、全五冊、二〇〇四―二〇〇五年）、聖書協会共同訳（二〇一八年）など他の訳も参照する。ただし、いずれの場合も文脈上の必要に応じて文言を適宜変更することがある。
・聖書文書名は本文中では全書するが、（ ）による挿入文と註では略記する。略号は原則として岩波訳に準ずる。
・複数の福音書に並行記事がある場合は、すべての箇所をスラッシュ（／）で区切って列挙するか、必要に応じて（マコ一―15―19並）のように略記する。
・エイレナイオス、ヒッポリュトス、エウセビオスの著作、『偽クレメンス文書』など初期教会史上の史料からの出典表示は、原則として巻・章・節の三段階区分で行う。
・その際、本文中ではたとえば「Ⅲ巻三章1節」のように全書するが、（ ）による挿入文と註では「Ⅲ三1」のように略記する。
・ただし、エピファニオスの『薬籠』については、本文中ではたとえば「XXIX章三節1」のように全書し、（ ）による挿入文と註では「XXIX三1」のように略記する。
・本書の章節区分は章・節・アラビア数字・アルファベットの四段階区分で行う。
・その際、本文中ではたとえば「Ⅲ章三節5、a」のように全書するが、（ ）による挿入文と註で行われる前出または後出部分への参照指示は、「Ⅲ三5a参照」のように略記する。

# はじめに

# はじめに

「贖罪信仰」は一般に「キリスト教信仰の要諦」と呼ばれる。それに加え、この二〇年余は青野太潮氏の一連の研究によって、パウロの「十字架の神学」と強く対照されてきたために、わが国の少なくともプロテスタント教会では、現在非常に活発な議論を呼び起こしているテーマである。活発な議論はもちろん良いことである。しかし、そこでは議論のすれ違いも繰り返し起きている。その一因は、私の観察が間違っていなければ、まず、「贖い《あがな》」と「贖罪《しょくざい》」の二語が無造作に同一視され、互換的に使用されることである。

そもそも「贖い」あるいは「贖う」という言葉自体が現在ではもう古語になっていると言わざるを得ない。私はすでに喜寿を過ぎているが、何度広辞苑や大辞林を引いても今ひとつピント来ないというのが正直なところである。日常会話の中でこの文言を使うことはまずない。敢えて使おうとすると、むしろ、キリスト教の「贖罪」のあまりに多義的な用法に足を引っ張られて、なんとも不確かで覚束ない言い回しになる。

邦訳新約聖書でこの語がギリシア語の「アポリュトローシス」（ἀπολύτρωσις）に当てられている場合にも、むしろ「解き放ち」、あるいはもっと端的に「救い」と訳した方が良いと思うことがしばしばある。客観的に見て理由なき苦難や言葉にできない懊悩《おうのう》を背負った人が、それをイエス（キリスト）の受難に重ね合わせ、イエスの受難を自分の「身代わり」として受け取って経験する「解き放ち（救い）」を表現するのに、「贖い」という日本語は古過ぎると私には感じられる。ましてや、客観的第三者が不用意にそれに「贖罪」の語を当てるべきではないと思う。

たとえば原爆投下や東日本大震災を偶然生き残った人が、現に生き残っていることそれ自体を「罪」と見なして自分を責めることはあり得るし、当事者の主観的感情としてはあまりにもよく理解できる。しかし、その当事者自身がイエスの受難を自分の「身代わり」として受け取り、その受け取り方を「贖罪信仰」と呼ぶことがあるとしても、私はその用語法に和することを保留する。ましてや、当事者以外の客観的第三者がそうすることには、はっきり異を唱えざるをえない。なぜなら、どちらの場合にも、当事者が生き残ったことが、「贖罪信仰」という文言に含まれる「罪」に含まれてしまうからである。もしその際口にされる「贖罪信仰」が「キリスト教信仰の要諦」と呼ばれる場合には、その「罪」は当事者個人の主観的感情を超えた客観性を持つものにされてしまう。それでよいのか。このことを私は強く危惧する。偶然生き残ったことが無造作に「罪」と呼ばれてよいはずがない。それにもかかわらず敢えてそれを「罪」と呼ぶ（含める）のであれば、その「罪」の定義が可能なかぎり丁寧に説明されなければならない。

　ところが、「贖罪信仰」を「キリスト教信仰の要諦」として語る用語法では、通常の場合、「贖罪信仰」は「救済論」あるいは「和解論」の同義語としてきわめて包括的な意味で用いられる。その背後には、多くの場合、英語の atonement/redemption/expiation theory、ドイツ語の Sühntod-Lehre などの欧米語があって、その翻訳語だからである。これらの欧米語には、日本語の「贖罪信仰」の場合と違い、「罪」という文字が明示的には現れていないことに注意が必要である。それを明示するためには Sühne der Sünde, rédemption des péchés のように「罪」の語が目的の属格として補足される。しかし、日本語の「贖罪信仰」はそのように限定されない形の前記の欧米語の翻訳語として定着し、すでに述べたように、「救済論」あるいは「和解論」の同義語として使われることが多い。その結果、「罪」の概念が包括的になりすぎて、厳密には「罪」と呼ぶべきではないものまでも含んでしまいかねない危うさを生んでいる。これが私の認識である。

　事実、「罪」の定義は歴史的に変容を繰り返し、結果として新約聖書だけ見ても、――それに続く古代教会を含めればなおさらのこと――多義性を極めている。まず、(1)原始エルサレム教会の「贖罪信仰」（Ⅰコリ一五3b―4）では、「罪」は明らかにモーセ律法を規準として定義されていた。それは「律法違反」のことであった。しかし、(2)パウロははるかに根源的な人間の「罪」について語る。(1)との違いを明瞭にしたこと、それがパウロの「十字架の神学」についての青野太潮氏の一連の研究の功績だと私は思っている。(3) しかし、パウロ以後にパレスチナから西の地中海世界のキリスト教の全域で広まっていったのは、原始エルサレム教会発の「贖罪信仰」であった。その際、「罪」の定義はモーセ律法の枠を脱却し、キリスト教道徳への違反の意味に変わってゆく。そのキリスト教道徳は「キリストの律法」へ言わば「教理」化され、新たな律法主義にもつながっていった。このことは、**牧会書簡**、**公同書簡**、**使徒教父文書**などから読み取られる西方の教会において顕著である。「キリスト教信仰の要諦」としての「贖罪信仰」という見方もその教理化の延長線上で生まれてくる。

もっとも、新たな律法主義は西方だけではなく、東方のユダヤ主義キリスト教の領域でも同じであった。欧米のキリスト教とそれを経由してやって来たわが国のキリスト教は、どうしても**西方教会**の伝統の影響を強く受けている。そのため、これまでのわが国のキリスト教研究では、**東方のユダヤ主義キリスト教**への目配りが疎かになってきたことが否めない。

本書はその弊《へい》を少しでも補うことを目的としている。ここで敢えて結論を先取りして言えば、東方のユダヤ主義キリスト教では、パウロのいわゆる信仰義認論とそこに含まれる「律法からの自由」への反対がまず目立つことは当然であるが、実は原始エルサレム教会発の「贖罪信仰」そのものもどこにも見当たらないのである。この点でも、西方教会とは実に対照的である。人間の「罪」は依然として**モーセ律法**――しかも、しばしばユダヤ教以上に厳しく解釈されたモーセ律法

――を重要な規準の一つとして定義され続ける。そしてその「罪」を「贖う」のは人間としての信仰者の積み重ねる「善行」であり、神から遣わされた救済者・啓示者の「贖罪死」ではないとされるからである。

そのように、原始キリスト教における「**贖罪信仰**」**の起源と変容のプロセス**を、その後パレスチナから西の地中海世界のみならず、東のユダヤ主義キリスト教の領域も含めて鳥瞰することによって、現在わが国のプロテスタント教会で非常に活発に交わされている議論にまま見られるすれ違いを整理すること。これがこの小著の結びの「第Ⅵ章「贖罪信仰」をめぐる現代の議論によせて」の意図するところである。

原始キリスト教の「贖罪信仰」の起源と変容

目次

# I　原始エルサレム教会の成立からペトロの指導権時代

イエスの十字架上の最期に直面する前に離散してしまった直弟子たちは、いわゆる「復活信仰」の成立を機に再びエルサレムに結集し、そこに小さな集団（以下では、原始エルサレム教会）を形成するに至る。その経過については、すでに多くの研究があるが、私も繰り返し私見を述べてきた。最近のところでは、拙著『終末論の系譜』（筑摩書房、二〇一九年）の第Ⅶ章「『人の子』イエスの再臨――パレスチナの原始教会」でそうしている。そこでは、副題が示すとおり、原始エルサレム教会からやがてパレスチナに広がった原始キリスト教に視野を拡大した上で、復活信仰が結んだ組織論的帰結（再結集後の弟子たちの実際上の生活様式と組織の問題）と神学的・解釈学的帰結を論じている。後者の最初に掲げたのはキリスト論（イエスの役割、人格、本性についての問い返し）であるが、続けて「イエスの受難（刑死）の意味についての問い返し」を挙げている。この第二の帰結を私はさらに「イエスの受難の必然性」への問い返しと、イエスの死が「自分（弟子）たちにとって持つ意味」（つまり救済論的意味）の問い返しの二段階に分けている。いわゆる「贖罪信仰」の起源はこの第二段階で重要な問題になってくる。しかし、私の見るところでは、原始エルサレム教会はそれに先立って**イエスの刑死の必然性**を納得しなければならなかった。

## 一　イエスの死の必然性の論証

イエスの逮捕を目にして逃亡した弟子たちにとっては、イエスの十字架上の刑死は、それまで彼が宣べ伝えてきた神の救済計画、すなわち「神の国」の挫折にほかならなかった。しかし、今や神が処刑されたイエスを死から甦らせたと信じている彼らにとっては、イエスの受難もすでに初めから神の救済計画の中に組み込まれていたのでなければならない。そこから、イエスの受難の必然性を探し求めて、旧約聖書の読み直しが始まった。その結果、最初に生み出されたのが、いわゆる受難物語と呼ばれるまとまりである。

それは現在の正典四福音書では、ほぼそれぞれの最後の晩餐の場面以降（マコ一四27／マタ二六31／ルカ二二31／ヨハ一八1以降）に相当する。最も古い形のものは、マルコ福音書の該当部分の背後に前提されているものである。その元来の起源は、おそらく原始エルサレム教会あるいはパレスチナのユダヤ人キリスト教徒たちがイエスの命日に墓前でささげた礼拝にまでさかのぼるとする学説が有力である。

物語はイエスの最期の日々を時系列でたどるもので、仔細に分析すると、至るところに旧約聖書からの引用あるいは暗示が織り込まれている。該当する旧約聖書の箇所の中でとりわけ目立つのは、詩編の中で「苦難の義人」のキーワードで呼ばれる一群の詩篇である。イエス・キリストは神への信頼ゆえに不当な苦難の中におかれた義人として描写される。

もっとも、現在のマルコ福音書一四―一五章から受難物語伝承の最も古い形をどう取り出すかについては、M・ディベリウスとR・ブルトマンに始まった古典的様式史および伝承史研究以降に限っても、長年にわたる膨大な研究の蓄積がある。[1] しかし、見解が基本的に一致している点も少なくない。それは**最古の受難物語伝承**が現在マルコ福音書一六章に見る復活物語の伝承とは独立の伝承であったこと、また、その最古の伝承のまわりに事後的に元来それ自身で伝わっていた個別の伝承が集積されていったこと、そしてそのプロセスの大部分がすでに最初の福音書記者マルコ以前の段階で完了していたことである。

(1) M. Dibelius, Die Formgeschichte des Evangeliums, Tübingen 1919, 5.Aufl. 1966, 178-218(『福音書の様式史』、辻学監訳・加山宏路・加山久夫・吉田忍訳、日本キリスト教団出版局、二〇二二年、二〇九―二五四頁);R. Bultmann, Die Geschichte der synoptischen Tradition, Göttingen 1921, 7. Aufl. 1967, 282-308(『共観福音書伝承史II』、加山宏路訳、新教出版社、一九八七年、一〇二―一四〇頁)。その後の研究史については、G. Theißen/A.Merz, Der historische Jesus. Ein Lehrbuch, Göttingen 1996, 387-410を参照。なお、この著作は新しいタイトルでの改訂版がすでに刊行されている:Wer war Jesus? Der erinnerte Jesus in historischer Sicht, Göttingen 2023.

現在のマルコ福音書一四―一五章のどの記事をそのように二次的に集積されたものと見るかの判断も、私が見るところでは、ディベリウスとブルトマンの間で大きくは一致している。[2] ここではそれに準じて、それらの記事を除外した後に残る次の部分を――もちろん、最終的な編集者マルコによる若干の加筆はあるに違いないものの――基本的に受難物語伝承の最古の段階とみなすことにしたい。すなわち、

**逮捕**（一四43―52）

←**最高法院とピラトによる有罪宣告**（一四53―54、一五1―20）

←**十字架への連行**（一五21―22）

←**十字架の処刑**（一五23―32）

←**絶命**（一五33―39）

この部分が伝承史的にきわめて古いものであることは、周知のように、マルコ福音書一四章51―52節（一人の若者が、素肌に亜麻布をまとってイエスについて来ていた。人々が捕らえようとすると、亜麻布を捨てて裸で逃げてしまった。）と一五章21節（そこへ、アレクサンドロとルフォスとの父でシモンというキレネ人が、田舎から出て来て通りかかったので、兵士たちはイエスの十字架を無理に担がせた。）によって裏付けられる。前者はイエスの逮捕の瞬間に、それまで彼の後についてきていた一人の若者が着ていた物を脱ぎ捨てて「裸で逃げた」と記し、後者はイエスが刑場へ引かれて行く時に、「キレネ人シモンが田舎から出て来て」たまたま通りかかったために、イエスの身代わりに十字架を担がされたと記している。いずれも、その場に居合わせた者たちでなければ、知る由もない偶発的事件の報告である。ということは、最古の受難伝承の証拠であり、それがもともとイエスの最期の出来事を知る者たちを聴衆あるいは読者として前提していたことを

（2）M. Dibelius 前掲書、182-183, 215（前掲邦訳二一三―二一四、二五一頁）の場合は、ベタニヤでの塗油物語（一四3―9）、最後の晩餐の場所の準備（一四12―16）、ゲッセマネ（一四32―42）、ペトロの否認（一四27―31、53―54、66―72）、最高法院とピラトによる審問の一部（一四55―64）。ブルトマンの場合（前掲邦訳一三二頁）は、一四章中の導入句（一四1、10―11）、最後の晩餐（一四12―26）、ペトロの否認、塗油物語、ゲッセマネ、最高法院とピラトによる審問。十字架の下の女たち（一四40―41）と埋葬場面（一四42―47）。ただし、言うまでもないことであるが、これらの個別伝承が二次的な拡大に用いられたことと、それぞれの個別伝承それ自体の伝承史的古さの問題は、相互に区別して考えるべきである。

証明するものに他ならない。この部分が初めから終わりまで、一貫して時系列に沿って隙間のない論述となっていることも、すでに触れたとおり、おそらく原始エルサレム教会を中心とする信徒たちがイエスの命日に墓前で捧げた礼拝で朗読されたものであることを強く示唆している。[3] 現在四つの福音書に保存されているイエス伝承の中で、最古の伝承と見る点で、研究者が一致しているのも当然である。

しかし、われわれにとって重要なのは、その先である。すなわち、すでにこの最古の受難物語伝承の中で、旧約聖書の引照が陰に陽に繰り返されることである。その際、集中的に引照されるのが、いわゆる「苦難の義人」の詩篇である。その関係を一覧表にすると次のⅠ－Ⅳのようになる。Ⅴ－Ⅵは二次的な拡大部に属する。

Ⅰ　マルコ福音書一五章23節

（兵士たちは）没薬を混ぜたぶどう酒を飲ませようとしたが、イエスはお受けにならなかった。

マルコ福音書一五章36節

ある者が走り寄り、海綿に酸いぶどう酒を含ませて葦の棒に付け、「待て、エリヤが彼を降ろしに来るかどうか、見ていよう」と言いながら、イエスに飲ませようとした。

詩編六九篇22節
人はわたしに苦いものを食べさせようとし／渇くわたしに酢を飲ませようとします。

II　マルコ福音書一五章24節
（それから兵士たちはイエスを十字架につけて）その服を分け合った。だれが何を取るかをくじ引きで決めてから。

詩編二二篇19節
（さいなむ者たちが）わたしの着物を分け／衣を取ろうとしてくじを引く。

III　マルコ福音書一五章29節
そこを通りかかった人々は、頭を振りながらイエスをののしって言った。「おやおや、神殿を打ち倒し、三日で建てる者……」

（3）M. Dibelius 前掲書、185（前掲邦訳二一七頁）、佐藤研「受難物語」、『旧約新約聖書大事典』、教文館、一九八九年、五九〇－五九一頁他参照。

詩編二二篇８節

わたしを見る人は皆、わたしを嘲笑い／唇を突き出し、頭を振る。

詩編一〇九篇25節

わたしは人間の恥。彼らはわたしを見て頭を振ります。

Ⅳ

マルコ福音書一五章34節

三時にイエスは大声で叫ばれた。「エロイ、エロイ、レマ、サバクタニ。」これは「わが神、わが神、なぜわたしをお見捨てになったのですか」という意味である。

詩編二二篇２節

わたしの神よ、わたしの神よ／なぜわたしをお見捨てになるのか。なぜわたしを遠く離れ、救おうとせず、呻きも言葉も聞いてくださらないのか。

Ⅴ

マルコ福音書一四章18節

一同が席について食事をしているとき、イエスは言われた。「はっきり言っておくが、あなたがたのうちの一人で、わたしと一緒に食事をしている者が、わたしを裏切ろうとしている。」

詩編四一篇10節

私の信頼していた仲間／わたしのパンを食べる者が／威張って私を足げにします。

VI　マルコ福音書一四章34節

わたしの魂は死ぬほどに悲しい。

詩編四二篇6、12節、四三篇5節

なぜうなだれるのか、わたしの魂よ。

注目に値するのは、これらの箇所でイエスに当てはめられている「苦難の義人」は、この通称によく示されているように、古代イスラエルの宗教的敬虔の理想像であって、決して救済をもたらす者（救済者）ではないことである。彼は自分の「罪」を告白することはあっても、他者の「罪」を贖う者（贖罪者）ではない。彼が何より神に訴えるのは、自分が置かれた苦難からの救出なのである。

ということは、最古の受難物語伝承がこれらの箇所を引照する意図も、未だイエスの死の救済論的・贖罪論的な有意義性の論証よりも手前の段階にあるということである。[4] すなわち、イエスの十字架上の刑死（苦難）が、彼が生前宣べ伝えてきた「神の国」の挫折を意味するものではなく、初めから神の救済計画の中に組み込まれていたこと、つまりその必然性を論証しようとしているのである。

もちろん、語り手はその必然性を確信しているのであるから、すでにイエスの復活信仰に到達しているのでなければならない。彼（ら）はイエスを詩編の「苦難の義人」に重ね合わせることによって、イエスが十字架で処刑されたという躓きを乗り越えようとしているわけである。その際、「義人」とは、あるいはイエスが体現していた宗教的敬虔とは、いったい何を意味したのか。引照されているそれぞれの詩篇そのものにとって、それが何を意味したのかは、ここでは別としよう。いずれにせよ、焦点を最古の受難物語の語り手に合わせる限り、それはモーセ律法抜きには考えられないものであったに違いない。

しかし、なぜ原始エルサレム教会を中心とするパレスチナの原始教会は、イエスの刑死の躓きをそのようにして乗り越えるだけで済ますことができたのか。なぜ直ちに同じ出来事の中に救済論的・贖罪論的な意義を探し求めることに進まなかったのか。まさしくこの問いとの関連でこそ、パレスチナのユダヤ人キリスト教が復活信仰に到達した直後から抱いていた終末待望、すなわち、切迫した「人の子」イエスの再臨待望のことを想起しなければならない。

## 二 「人の子」イエスの再臨待望との関わり

私は前述の拙著『終末論の系譜』の同じ場所で、復活信仰が結んだ神学的・解釈学的帰結の第一点として、キリスト論の成立を挙げている。その中でも、最も重要なポイントは「人の子」キリスト論である。すなわち、かたや生前のイエスは「人の子の来臨」について語ったとき、その「人の子」を自分とは区別していた（前述拙著一六五―一六七頁参照）。こなた復活信仰成立後の原始キリスト教では、「人の子」はやがて受難と復活のイエス、さらには生前の地上のイエスにも遡及的にあてはめられて行った。同時に、高挙の天から到来する再臨のイエスも指すようになった。というよりも、原始エルサレム教団がそもそも結集する根拠となった復活信仰とは、何よりもその熱狂的な再臨待望そのものに他ならなかった。今やこのことは、前世紀前半以来の歴史的・批判的なイエス研究がたどりついた数少ない共通認識と言っても過言ではない。そのため、私も前述の拙著以外にも、早くから機会があるたびに繰り返しこの見方に賛同してきた。[5]

（4）月本昭男『詩篇の思想と信仰 I』、新教出版社、二〇〇三年、三一四頁が、「本詩（二二篇前半）はイエスの死を物語るおそらく最古の伝承に深く関わった。それは、十字架の死が贖罪の業として神学化されるより前であったろうか」と推測するのはまさに当たっている。

（5）特に大貫隆『イエスという経験』、岩波書店、二〇〇三年、一二二―一三二、二二三―二二四頁（岩波現代文庫版、二〇一四年、一四〇―一五三、二六四―二六五頁）参照。

再結集後間もない原始エルサレム教会も「人の子」イエスの再臨への熱狂的な待望を共有していたと考えるべきである。私が見るところでは、そのことを示す最も明瞭な証拠の一つが使徒言行録六―七章に報告のあるステファノ殉教事件である。この事件は原始エルサレム教会の歴史のきわめて早い段階で起きたもので、代表的な事典類でもイエスの処刑から数えてもわずか二〜三年後（三二年頃）のことであったとされる。[6] ステファノは原始エルサレム教会の中で、日々の分配（食事）の世話のために「十二人」とは別に選ばれた「七人」の一人で、教団のメンバーの中でも、もともとギリシア語を話すユダヤ教徒であった。

使徒言行録六章の報告によれば、そのステファノが一定のユダヤ教徒たちの「偽証」によって、エルサレム神殿とモーセ律法を侮辱しているとして、こう訴えられる。「わたしたちは彼がこう言っているのを聞いています。『あのナザラ人〔新共同訳：ナザレ〕イエスは、この場所を破壊し（καταλύσει）、モーセが我々に伝えていた慣習を変えるだろう（ἀλλάξει）。』」（使六14）。

続く使徒言行録七章はステファノの長い演説である。それは族長アブラハムから始まるイスラエルの一連の救済史をソロモンによる神殿建設までたどった後、痛烈な神殿批判の言葉で結ばれる。「けれども、いと高き方は人の手で造ったようなものにはお住みになりません。これは預言者（イザヤ）も言っているとおりです。『主は言われる。『天はわたしの王座／地はわたしの足台。／お前たちはわたしにどんな家を建ててくれると言うのか』」（七48―49）。この後、ステファノは天をみつめ、神の栄光と神の右に立っているイエスを見ながら、「天が開いて、人の子が神の右に立って（ἑστῶτα）おられるのが見える」（七56）と言って、石打ち刑による最期を遂げる。

　私は前述の拙著でステファノ殉教事件に関連して、「エルサレム原始教団の中にイエスの神殿倒壊予言が影響を及ぼし続けていたことは確実だと思われる」（一八五頁）と述べた。「イエスの神殿倒壊予言」とは、マルコ福音書一四章58節に保存されている生前のイエスの言葉のことである。ルカ福音書はこれに平行する場面（二二66―71）では、イエスのこの予言を削除している。ルカはその代りに、前掲の使徒言行録六章14節で同じ神殿倒壊予言を、ユダヤ人による偽証によるものとした上で、ステファノの口に入れ直しているのである。[7]

　使徒言行録七章56節で「人の子が神の右に立っておられる」と言われるのは、もちろん復活・

（6）例えば『旧約新約聖書大事典』（教文館、一九八九年）の巻末年表では後三二年頃。ここでは厳密な年代決定は不要である。なお、本書のこの後の文章から後出の注9を付した箇所までの段落は、拙著『イエスの「神の国」のイメージ――ユダヤ主義キリスト教への影響史』、教文館、二〇二一年、一四一―一四四頁からのほぼそのままの転載である。

（7）この置き換えに込められたルカの意図については、荒井献「イエスの『神殿の言葉』――使徒行伝六章14節を中心に」、『荒井献著作集4』、岩波書店、二〇〇一年、一六九―一八五頁の詳細な分析を参照。

高挙のイエスのことである。しかし、重要なのは、その「人の子」が神の右に「立っている」理由である。岩波版『新約聖書』の該当箇所での荒井献の訳注は、ルカ福音書二二章69節では「人の子は全能の神の右に座る」と言われているのに対して、使徒言行録七章56節では「立っている」とされている意味を説明して、「殉教のステファノを迎えるためか？」と注解している。[8] しかし、これでは、問題がイエスの行儀作法のレベルに矮小化されてしまう。私はこれに賛成しない。

むしろ、地上のエルサレム神殿を破壊（＝使六14「この場所を破壊」）しに到来するため、すでに立ち上がっているという意味に解すべきである。ここでは明らかに、生前のイエスの神殿倒壊予言が、原始エルサレム教会の有力なメンバーの一人であったステファノの殉教事件に寄せて、再び活性化されているのである。その際、原始エルサレム教会は復活信仰成立後に生きているから、再び待望されることとなった神殿倒壊は、当然ながら、復活・高挙のイエスが「人の子」として「再臨」する時に実現すると考えられるわけである。

ステファノは、原始エルサレム教会の内部では、もともとギリシア語を話すユダヤ教徒（いわゆる「ヘレニスト」）の一人であった。ということは、生前のイエスの神殿倒壊予言は、もともとアラム語を話すユダヤ教徒であったメンバー（いわゆる「ユダイスト」）の枠を超えて、原始エルサレム教会の中で鮮明に記憶されていたことになる。

もちろん、現在の形でのステファノの演説にルカの筆が多分に働いていることは間違いないだろう。しかし、おそらく後九〇年代に執筆していると思われるルカにとっては、後七〇年のエルサレム陥落はすでに遠い歴史的な過去である。したがって、使徒言行録六章14節に含まれる二つの未来形「この場所を破壊し（καταλύσει）」と「モーセが我々に伝えていた慣習を変えるだろう（ἀλλάξει）」は、ルカ自身の終末待望を表現するものではなく、物語の目下の主人公ステファノから見た未来である。ルカ自身にとっては、切迫した「人の子」の再臨待望はもはやリアリティーがないのである。ルカの立地点から見れば、エルサレム神殿はたしかにローマの軍隊と「神の怒り」によってすでに倒壊しているが（ルカ二一20―24参照）、そこで「人の子」の再臨が実現したわけではないのである。だからこそ、ステファノの最後の幻でも、「人の子」は「立っている」（使七56）と言われるだけで、雲に乗って到来する様は語られずに終わるのである。ルカはマルコ福音書一四章62節にその文言を読んで知っていたはずであるにもかかわらずそうなのである。

したがって、原始エルサレム教会の「人の子」の再臨待望、およびそれと結びついて進んだ神殿倒壊予言の再活性化を、ルカの創作とみなすことはできない。むしろ原始エルサレム教会発の古伝承をルカの背後に想定しなければならない。使徒言行録七章56節はルカが彼の福音書も含む

（8）荒井の訳注には、すでに研究史上先例がある。C. Colpe, ὁ υἱὸς τοῦ ἀνθρώπου, ThWNT VIII, 465, Anm. 419, 420 参照。

二部作で「人の子」イエスについて語る最後の箇所である（使徒言行録では最初で最後の唯一の使用例）。ルカはこの最後の用例をステファノ殉教の場面の中で六章14節と関連づけることによって、この事件で頂点を迎えたイエスの神殿倒壊予言の再活性化に関する古伝承に言わば「片を付けた」のである。「人の子」を「立ち上が」らせるだけで終わってしまうルカの筆使い（七56）は、現代の読者から見れば、何とも中途半端であるが、ルカから見れば、神殿倒壊予言の再活性化そのものが、事実、すでに中途半端で終わったことなのである。[9]

さて、キリスト教はその後間もなくエルサレムから周辺のパレスチナに広がって行った。「人の子」イエスの再臨への待望もエルサレムの原始教会の枠を超えて、パレスチナの諸教会（これを以下では、パレスチナの原始キリスト教と呼ぶ）にも広まって行ったと考えるべきである。その証拠の一つが、テサロニケに宛てられたパウロの手紙、Ⅰテサロニケ書一章9－10節に残っている。――「あなた方が（神へと立ち返ったのは）生ける真の神に仕えるためであり、さらに〔神が〕死者たち〔の中〕から起こした神の御子、すなわち来らんとしている怒りから私たちを救い出されるイエスが、天から〔降りて来られるのを〕あなたがたが待ち望むためであった。」見てのとおり、この箇所では、イエスの復活が再臨待望へ直結している。さらにⅠコリント書一六章22節に保存されている「マラナ・タ」（主よ、来てください）の祈りも、他でもないアラム語の表現そのものが示しているように、やはりパレスチナの原始教会に発するものである。テサロニケもコリントも遠隔の地であるが、パレスチナからの伝承によるものと考えられる。

さらに、使徒教父文書の一つ『十二使徒の教訓』も、教会での共同の食事での祈りを教える十章の結び（6節）で、やはり、同じアラム語の文言を用いている。――「恵みが来ますように。この世が過ぎ去りますように。ダビデの神にホサナ。聖なる人は来るように。聖でない人は悔い改めなさい。マラナ・タ、アーメン」。ちなみに、この文書の成立年代は一世紀末から二世紀初頭にかけて、成立地はパレスチナ〜シリアとするのが多数意見である。[10]

たしかに、これらのいずれの箇所にも、「人の子」のタイトルは現れない。しかし、ここで「人の子」イエスという文言の伝承史全体に関わる重要な、かつよく知られた事実を想起しなければならない。すなわち、この文言が福音書に現れる場合、ほとんど例外なくイエス自身の発言の中に限られ、イエス以外の第三者の口から発せられることはないということである。これは、生前

（9）前注6参照。
（10）『使徒教父文書』、荒井献編、講談社、一九九八年所収（佐竹明訳）、三五、四五七頁参照。なお、黙二二17にも「主よ、来てください」という呼びかけが現れることにも要注意。この点については、拙著『イエスの「神の国」のイメージ――ユダヤ主義キリスト教への影響史』（前出）に収録した論考「ユダヤ主義キリスト教の終末論――原始エルサレム教会から後二世紀まで」の一七〇頁参照。

のイエスにまで遡ると思われる発言と復活信仰成立以後の原始教会が初発と思われる発言の違い、及び「人の子」がイエスとは異なる天的な救済者を指すか、それともイエス自身を指すかの違いとも無関係に、「人の子」イエスの伝承史全体を貫くほぼ鉄則である。「人の子」はイエスの発言に、しかも三人称の用法に固定されてしまっていたのである。[11] そのため、教会の共同の祈りのような場で、復活・高挙のイエスに対面状況で発せられる呼びかけ（二人称）には適さなかったはずである。「人の子イエスよ、来てください」とは言えなかったのである。こう考えると、前掲の箇所で呼びかけられている「主」が実は同時に「人の子」イエスにほかならないことも、論理的かつ歴史的にあり得ることだと私は思う。

切迫した「人の子」の来臨待望は最も典型的には、復活節以後もパレスチナ各地を遍歴しながら生前のイエスの「神の国」の宣教を継続したグループによって担われた。彼らはその後**イエスの語録集**（いわゆるQ資料）を編纂することになるが、その語録資料には、イエスの死にも復活にも言及がない。彼らはそれを当然承知し、前提していたにもかかわらず、そうなのである。そしてその理由は、H・E・テートの言葉を借りれば、彼らが待望する真の救いは、生前のイエスが語り伝え、来るべき「人の子」が実現させるはずの「神の国」にこそあったからである。イエスの死と復活はその来るべき救いを担保する前提ではあっても、その救いそのものではなかったからである。[12]

もちろん、原始エルサレム教会はエルサレムに常住していたはずで、組織体としてはこのQグループ（遍歴の伝道者集団）とは別であったはずである。また、パレスチナの各地域に定住していた個別教会とも異なっていたはずである。しかし、エルサレム教会はパレスチナの原始キリスト教全体の中央教団だったのであるから、彼らも「マラナ・タ」の祈りを共有し、その主語を「人の子」と考えていたと見るのが、論理的にも歴史的にも最も自然である。すなわち、エルサレム教会も切迫した「人の子」イエスの再臨待望を共有していたと考えるべきである。

前節の終わりでわれわれは、なぜ原始エルサレム教会が生み出した最古の受難物語伝承は、差し当たりイエスの刑死の必然性を確認するだけにとどまり、直ちにその救済論的・贖罪論的な意義を探し求めることへ進まなかったのか、という問いを提出しておいた。今ようやくこの問いに答えることができる。それはQグループの語録資料の場合と同じ理由によると考えるべきである。すなわち、彼らが待望する真の救いは、生前のイエスが語り伝え、来るべき再臨の「人の子」イエスが実現させるはずの「神の国」にこそあったからである。イエスの死と復活はその来るべき

---

（11）唯一例外と呼び得るのは使七56であるが、これは前述のように、著者ルカの編集句とみるべきである。この鉄則が「人の子」伝承の最古の層ですでに成り立っていることについては、F. Hahn, Christologische Hoheitstitel. Ihre Geschichte im frühen Christentum, Göttingen 1966, 3. Aufl., 38 を参照。

（12）H. E. Tödt, Der Menschensohn in der synoptischen Überlieferung, Gütersloh 1959, 229 他参照。

救いを担保する前提ではあっても、その救いそのものではなかったからである。

原始エルサレム教会は「人の子」イエスの再臨を待望していたのみならず、そのイエスを早くから受難・復活物語の伝承とも結びつけていた。このことは、さらに共観福音書に含まれるイエスの受難予告（マコ八31、九31、一〇32－34並）の伝承史から証明される。そこでは繰り返し「人の子」イエスの逮捕、侮蔑、尋問、処刑に続けて復活について語られる。この伝承も元来の受難・復活物語伝承全体とともに、原始エルサレム教団へさかのぼると見るのが定説である。「人の子」の受難予告がどのように元来の受難物語伝承と結合されていったのか。それは項を改めて取り上げる予定である（本書五一頁以下）。

## 三　イエスの死の救済論的・贖罪論的解釈

前節では、エルサレム原始教会が差し当たりイエスの刑死の必然性の証明にとどまり、直ぐにはその苦難が持つ救済論的な意味への問いに進まなかった理由について考えた。私はこの点で、E・テートと（私がドイツ留学中に師事した）F・ハーンの伝承史的研究の見解と同じ意見である。ハーンは「原始教会はイエスの死の必然性をこのように把握した後ではじめて、次の一歩を踏み出した。すなわち、その苦難が持つ救済論的な意味を問い始めたのである」[13]と述べた後、最古の受難伝承からIコリント書一五章3b－7節の信仰告白文の成立に至るまでの伝承史を実に緻密に分析してみせる。

研究上の多数意見はIコリント書一五章3節bの「わたしたちの罪のために」に、イザヤ書五三章（5－6、8－9、12節）の隠された引用を認め、イエスの死を贖罪死と見る神学を読み取っている。私自身もこれまでこの見解を繰り返し踏襲してきた。[14] しかし、私は遅まきながらハーンの分析を改めて精読した結果、これまでの見解を少なからず修正しなければならない。

イエスの死を他者の罪のための贖罪死と見る見方は、現在の新約聖書の中では、Iコリント書一五章3b－7節に限らず、その他にもかなり広範に認められる。パウロ書簡での例を挙げれば、Iコリント書八章11節、IIコリント書五章14－15節、21、ガラテヤ書一章4節、二章20節、ロマ書四章25節、五章6、8節、八章32節、一四章15節が該当する。その文言はほぼ定型化していて、細部を別とすると、キリスト（あるいはイエス）が「誰々（あなたがた／わたし／わたしたち／すべての人／多くの人／その人）の（罪）のために（ὑπέρ / διά）死なれた」というのが基本形である。そ

（13）F. Hahn, 前掲書、201 参照。
（14）大貫隆『イエスという経験』（前出）、二二〇－二二一頁（岩波現代文庫版、二〇一四年、二五九頁）、『イエスの時』岩波書店、二〇〇六年、一四四頁、『終末論の系譜』（前出）、一九一－一九二頁。

の定型性から見て、すでにパウロ以前のかなり早い段階で成立し、受難物語伝承の枠を超えて広がっていたものとみるのが定説である。[15] ただし、これらの定型句の背後にイザヤ書五三章がどこまで前提されているのか。この点については研究者の間で争われてきた。

この論争点についてハーンは、E・ローゼ[16]に従って、否定的な判断である。問題の定型表現は、むしろ初期ユダヤ教の中に広まっていた一般的な代理贖罪論を前提していると言う。[17] そして、そこではイザヤ書五三章が引き合いに出されることはなかったと言う。その理由は、初期ユダヤ教が考える代理贖罪の有効範囲は「イスラエル」に限定されていたのに対し、イザヤ書五三章は特に最後の10－12節で、それを「多くの人の罪」にまで普遍化していたためだと言う。この点で、イザヤ書五三章は初期ユダヤ教の中に広まっていた一般的な代理贖罪論の枠を突破しているのだと見做される。

われわれにも、パウロ以前に広まっていたイエス（キリスト）の死に対する贖罪論的解釈を一気にイザヤ五三章に結びつけるのではなく、むしろレビ記一六章11－15節の贖罪の供犠条項との結びつきを優先させるべきではないかと思われる。パウロがまずロマ書三章25節で引いている定式表現「神はその彼を……彼の血による、贖罪の供え物として立てた」は、明らかにそのレビ記一六章11－15節に基づいている。その他、ロマ書五章8節では「キリストが（罪人であった）わたしたちのために死んでくださった」と言われるが（その他に五6も参照）、それと同じ文脈の中で、五章9節「わたしたちは、今やキリストの血において義とされた」では、「血」の文言が示すとおり、三章25節と同じレビ記一六章11－15節の供犠条項が引照されている。レビ記一六章11－15節に基づくそのような贖罪死の解釈を、以下で私は便宜的に供犠的贖罪論と呼んで、必ずしも明示的にレビ記一六章11－15節を引照しているとは言えない定式表現から区別することにする。

伝承史的にさらに問いを先鋭化すれば、この供犠的贖罪論はいったいどのように成立したのかが問題になる。というのは、生前のイエスは明らかにエルサレム神殿で行われていた動物の血による贖罪の供犠を拒否していたからである。この点は、イエスの行ったいわゆる神殿粛清の行為（マコ一一15－19並参照）から端的に明らかである。加えて、もしマタイ福音書九章13節、一二章6－7節が伝える「わたしが求めるのは憐れみであって、いけにえではない」というホセア書六章6節の引用が「イエスの中心思想を証言」するものだとすれば、その証拠はさらに大きくなる。青野太潮氏は最新著『どう読むか、新約聖書』（ヨベル、二〇二〇年）で、そう見て差し支えない

（15）たとえば、H. E. Tödt 前掲書、146-147、F. Hahn 前掲書、56, 201、佐竹明『使徒パウロ』、NHK出版、一九八一年、八三頁。

（16）E. Lohse, Märtyrer und Gottesknecht. Untersuchungen zur urchristlichen Verkündigung vom Sühntod Jesu Christi, Göttingen 1955, 38ff., 64ff.

（17）F. Hahn 前掲書、56.

とした上で、次のように述べている。

「だからこそ、イエスはご自身が最後の犠牲となられることによって、そうした犠牲の供え物を必要とするような考え方を批判されているのだ」と主張する人がしばしばおられます。しかし、「犠牲の供え物」を大前提とする思考パターンによって、同じその思考パターンを否定するという考えは、大きな矛盾を孕んでいると言うべきでしょう。

（一二六―一二七頁）

私の見るところでは、ここで最初に報告されている考え方（「　」の部分）こそ、パウロ以前のキリスト教の中にレビ記一六章11―15節に基づく供犠的贖罪論が生まれてきた際の、当事者たちの思考回路を雄弁に物語っているように思われる。それは、新約聖書のいくつかの箇所が、復活して天に高められ、やがて再臨するはずのイエス・キリストを「新しい神殿」と言い表すときにも、認められる思考回路である。たとえば、ヨハネ福音書の神殿粛清場面では、「イエスの言われる神殿とは、ご自分の体のことだったのである」（二21）と言われ、ヨハネ黙示録二一章22節では、天から降りてくる「新しいエルサレム」には、「神殿を見なかった。全能者である神、主と子羊とが都の神殿だからである」とある。いずれの箇所でも、書き手が生前のイエスの神殿粛清と供犠拒否を承知していたはずでありながら、そう発言しているのである。その時、書き手の思考は、イエス・キリストは、すでに生前から自分こそが「新しい神殿」であることを知っていたからこそ、神殿を粛清し、供犠を拒んだのだ、という回路であったに違いない。[18]

これと全く同じ論法こそ、エルサレムを中心とするパレスチナの原始教会における供犠的贖罪信仰の成立を説明すると私は思う。曰く、「生前のイエスはご自身が最後の犠牲となられることをあらかじめ知っていたので、そうした犠牲の供え物を必要とするような考え方を批判されているのだ」というわけである。

もちろん、この論法の致命的な誤りは、復活信仰に到達した後の原始教会の中では確かにありえたこの論法を、無造作(＝非歴史的)に生前のイエス自身の思考だとして疑わない点にある。ある人が古いものを批判したのは、自分自身がそれに代わる新しいものだと考えていたからだ、という論法の中に、古いものの妥当性が否定されずに、そのまま生き続ける危険性が胚胎《はいたい》している。青野氏が最後に言う「大きな矛盾」とは、そのことを指示しているのであろう。

(18) ちなみに、ガラ二9によれば、パウロが使徒会議のために尋ねたエルサレム教会では、主の兄弟ヤコブ、ケファ(ペトロ)、ヨハネの三人が「柱」と目されていたとある。その背後にも、エルサレム教会が自分自身を「新しい建物(つまり神殿)」と理解していたことが推測される。この問題については、拙著『終末論の系譜』一八四頁を参照。

もちろんハーンは、最古の受難伝承の上にやがて救済論的・贖罪論的な解釈が重ねられていった際に、イザヤ書五三章も一定の役割を果たすようになったことを承認している。ただし、それはイエスの死を「多くの人のための」贖罪死として示す箇所に限られると言う。すなわち、具体的には、最後の晩餐でイエスがぶどう酒（血）を指して、「これは、多くの人のために流される」と語る言葉に限られると言う。そしてこの場面は、受難物語の伝承史の上では、最古の伝承が二次的に拡大された部分に属する。最古の「苦難の義人」イエスの伝承自体には、イザヤ書五三章からの引照と呼べるものは、ごく微小にとどまっていたとする。[19]

さて、以上のような伝承史と神学的反省の経過を踏まえてはじめて、われわれはようやくIコリント書一五章3b－7節が占める位置を問題にすることができる。まず、われわれの結論を、ハーンの言葉を借りて、先に述べよう。この定式文（その中でも、とりわけIコリ一五3b－5）は「きわめて古い伝承ではあるが、伝承史の発展の最初にあったものではない」[20]、むしろ「きわめて包括的な性格の告白定式」である。[21]

ハーンがまず「きわめて古い伝承ではあるが」と言って承認しているのは、この定式文の背後に、もともとパレスチナ起源のアラム語の原テクストを想定する学説[22]を指している。それにもかかわらず、「伝承史の発展の最初にあったものではない」とされるわけは、この定式文が「きわめて包括的な性格」を示しているからである。ハーンがその証拠として挙げるのは、私の言葉で少し敷衍すれば、次のとおりである。

(1) 一五章3節bと4節bに二度繰り返される「聖書に書いてあるとおり」の「聖書」はギリシア語原文では複数形（γραφαί）である。もしここで、しばしば想定されてきたように、イザヤ書五三章（苦難の僕の歌）のみが引照されているのであれば、当然ながら単数形（γραφή）であってしかるべきである。[23] それゆえ、この複数形は、最古の受難伝承が、すでに見たとおり、イエスの受難の必然性を多数の旧約引照によって証明していたことを指すと見るべきである。つまり、一五章3節bの「聖書に書いてあるとおり」は、直後の「わたしたちの罪の

(19) F. Hahn 前掲書、201. なお、ハーンが最古の伝承段階で行われていたイザヤ書五三章からのごく微小な引照とみなすのは、イエスが裁判の場面で沈黙を守り通したと言う短い文章（マコ一四61 a、一五5）である。イザヤ書では五三7が該当箇所である。なお、イザ五三10−12の「多くの人の（罪の）ために」を引照する重要な箇所としては、マコ一四24以外に同一〇45「人の子は……多くの人の身代金として自分の命をささげるためにきたのである」がある。これは伝承史的には、「人の子」伝承と受難伝承の結合したものであり、詳しくは後述する（本書五六頁参照）。

(20) F. Hahn 前掲書、211.

(21) F. Hahn 前掲書、209.

(22) J. Jeremias, Die Abendmahlsworte Jesu, Göttingen 1960, 3. Aufl. 95ff.

(23) たとえば、ロマ四3、一〇11、一一2、ガラ三8、四30参照。

ために」にかかるのではなく、その先の「死んだ」にかけて読まねばならない。その間に挟まれた「わたしたちの罪のために」は、イザヤ書五三章だけを特定して指すものではなく、むしろ最古の受難伝承に続いて起きたイエスの死に対する贖罪論的意味づけ全体を指すものであり、構文上はやはり「死んだ」にかけて読まねばならない。[24]

(2) 一五章4節bの「聖書に書いてあるとおり」も、同じように直後の「三日目に」にだけかかるのではなく、[25]その先の「復活した」にかけて読まねばならない。もちろん、「三日目に」が、よく指摘されるように、ホセア書六章2節とヨナ書二章1節からの引照であるのは確かである。しかし、「復活した」にかけて読む論拠としては、詩編一六篇10節、四九篇16節、七三篇24節を挙げることができる。[26]

(3) 一五章3b－5節では、合計四つの告白文が間接話法の接続詞「〜ということ」（ὅτι）で並列されている。

3b　聖書に従って、私たちの罪のために死んだこと（ὅτι）、

4a　そして（καί）埋葬されたこと（ὅτι）

4b　そして（καί）聖書に従って、三日目に〔死者たちの中から〕起こされていること（ὅτι）

5　そして（καί）ケファ〔ペトロ〕に現れ、次に十二人に〔現れた〕こと（ὅτι）である。

この結果、文章の流れは悪くなっているものの、反対に信仰告白にとって不可欠の項目――すなわち、キリストの贖罪死、埋葬、復活顕現の目撃証人たちとその順番、そこでペトロが占める重要性[27]――が細心の注意を払って並列されていることが明らかに見て取れる。

以上が、ハーンがⅠコリント書一五章3b－5節を「きわめて包括的な性格の告白定式」と呼ぶ根拠である。この告白定式では、受難伝承の最古層で始まった聖書証明による受難の必然性の論証の系譜、その後受難伝承の枠をも超えて始まった救済論的・贖罪論的解釈の系譜、この二つの伝承の系譜が、初めて結合されたのだと、ハーンは結論づける。[28] その結合は、たしかにきわめて早い段階に起きたことに違いはないが、伝承史の発展の最初にあったものではないと言うのは、

(24) F. Hahn 前掲書、202-203.

(25) F. Hahn 前掲書、206 頁は、頻繁に行われるその読み方を「致命的な短絡」(fatale Verkürzung) と呼んでいる。

(26) F. Hahn 前掲書、206, 注3参照。

(27) Ⅰコリ一五5でペトロが「ケファ」と表記されていることに注意。「ケファ」は「岩」(基盤) の意。マタ一六18参照。

(28) F. Hahn 前掲書、201, 203.

この意味である。[29]

## 四　贖罪信仰の成立と定式化

### 1　Ⅰコリント書一五3節bの「キリスト」について

Ⅰコリント書一五章3b－7節の信仰告白定式が以上のような伝承史を経て原始エルサレム教会で定式化されたものだとすれば、なぜそこには「人の子」ではなく、「キリスト」が現れるのであろうか。すでに明らかにした通り（本書Ⅰ二、三〇頁参照）、原始エルサレム教会は切迫した「人の子」イエスの再臨待望をパレスチナ原始教会と共有し、「人の子」イエスの受難予告というキリスト論も承知していたのである。それなのに、なぜ同じイエスの死について論じるⅠコリント書一五章3b－7節の信仰告白定式では、復活・顕現の主語が「人の子」ではなく、「キリスト」になっているのか。すでに述べたように、福音書の伝承史の全体にわたって、「人の子」は例外なくイエス自身の発言の中に現れ、イエス以外の第三者の口からは発せられないのであった。その鉄則の用語法がⅠコリント書一五章3b－7節の信仰告白定式をも縛っているのであろうか。

まず注目に値するのは、われわれが先に受難物語の最古層と見なしたマルコ福音書一五章23－

32節である。場面はイエスが十字架につけられるところである。すでに掲出したイエスの死の必然性を証明するための旧約引照の内、I－IIIがこの場面に属しているから、最古の伝承層であることは確実であろう。まさに、この部分でイエスは繰り返し「キリスト」（メシア）として提示さ

（29）Iコリ一五3b－5の神学的な包括性を考えるとき、3bの「わたしたちの罪」（ἁμαρτιαί）を過度に個別化して、誰がいつ犯した罪を指すのかにこだわりすぎるのは適切ではない。たとえば、イエスの処刑に先立って彼を見捨てて逃げてしまったペトロを筆頭とする直弟子たちの行為を指すという見方は、その点にこだわっているわけである。つまり、その直弟子たちの心理学的罪責感が込められているという見方である。この見方に対しては、私はすでに前掲拙著『イエスの時』一四五－一四六頁で、すでに別の視点から明確に反対を唱えている。むしろ、それはモーセ律法を規準として立て、それに対する違反行為を「罪」としていると主張した。この主張が当たっていることは、本書のこれまでの論述からも裏付けられる。なぜなら、「わたしたちの罪」はガラ一4とロマ四25にも現れるからである（ロマ五8も参照）。これらの箇所は、すでに述べたように、最古の受難伝承の後の伝承史の中で多かれ少なかれ定型化していた贖罪論の言い回しである。Iコリ一五3bの「わたしたちの罪」はその伝承史を総括しているのであるから、個別化する解釈には馴染まない。むしろ、包括的に律法違反の行為を指すものと解すべきである。佐竹明『使徒パウロ』（前掲）、一〇六頁も、「これは、元をたどれば、律法違反の償いという考え方であって、律法の拘束力を前提にしている」と述べるとおりである。

れる。まず26節によれば、十字架の先端の「罪状書き」に「ユダヤ人の王」と書かれていた。また31―32節では、通りすがりの者が「他人は救ったのに、自分は救えない。メシア、イスラエルの王」と呼びかけて侮辱している。

同じ「ユダヤ人の王」という呼称は、この場面の直前のマルコ福音書一五章1―20節、すなわち、ピラトによる尋問と有罪宣告の場面でも三回繰り返される（9、12、18節）。われわれはすでに、M・ディベリウスとR・ブルトマンに準じて、この場面を一括して、受難物語の最古の伝承層と判断した（本書I一、二二頁参照）。しかし、ハーンはこれをさらに最古層（1、3―5、15b節）と二次的な拡大部分（2、6―15a、16―20節）の二つに区分している。[30] 確かに、前者がほぼ純粋に出来事の経過を時系列で述べるのに対して、後者の核をなすのは、イエスが「ユダヤ人の王」であるか否かにこだわるピラトであり、その内面の心理が繰り返し描写されるから、[31] ハーンによる二層の区別は妥当だと思われる。そしてハーンは、受難伝承のこの展開の中に、イエスの死の必然性を論証するために行われた旧約引照から、イエスの死の救済論的・贖罪論的意義の解釈へと進んで行ったプロセスに並行する神学的反省を認めている。原始キリスト教の多様なキリスト論的尊称の中でも主要なものの一つである「キリスト」（メシア）は、他でもないここで「受難のキリスト」を指して生まれたのだと言う。[32]

他方で、Iコリント書一五章3b―5節は「きわめて古い伝承ではあるが、伝承史の発展の最初にあったものではな（く）」、神学的反省が進んだ後の「きわめて包括的な性格の告白定式」であることは、すでに見たとおりである。したがって、それがすでに先行する受難伝承の中で生み出されていた「キリスト」（メシア）を主語として、しかもそれを冒頭に置いて始まるのは（3b「すなわち、キリストは」）、言わば当然なのである。

もっとも、「キリスト」と並んで、「人の子」の称号も、二次的に受難物語伝承の中へ入り込んできた。その証拠となるのは、まずマルコ福音書一四章61－62節である。これはユダヤの最高法院による有罪宣告の場面（一四53－64）の一部であり、われわれがすでに最古の受難物語伝承の上に二次的に集積されたものと見なした層に属する（本書Ⅰ一参照）。

[61b]そこで、重ねて大祭司は尋ね、「お前はほむべき方の子メシア〔キリスト〕なのか」と言った。[62]イエスは言われた。「そうです。あなたたちは、人の子が全能の神の右に座り、天の雲に囲まれて来るのを見る。」

（30）F. Hahn 前掲書、195-196.
（31）マコ一五5b「ピラトは不思議に思った」、同10「祭司長たちがイエスを引き渡したのは、ねたみのためだとわかっていた」、同15「群衆を満足させようと思って」。
（32）F. Hahn 前掲書、196, 211-212.

周知のように、62節の「全能の神の右に座り」は詩編一一〇篇1節から、「天の雲に囲まれて来る」はダニエル書七章13節からの隠れた引用である。この隠れた引用の狙いは、「人の子」イエスの再臨待望を聖書証明によって裏付けることだと考えられる。

次に証拠となるのは、マルコ福音書一四章20－21、41節である。前者は最後の晩餐の場面（一四18－21）、後者はゲッセマネの最後の祈りの場面（一四32－42）の結びであり、どちらも受難物語伝承の二次的拡大部に属する。

マルコ福音書一四20－21節

[20]イエスは言われた。「十二人のうちの一人で、わたしと一緒に鉢に食べ物を浸している者がそれだ。[21]人の子は、聖書に書いてあるとおりに、去って行く。だが人の子を裏切るその者は不幸だ。」

マルコ福音書一四章41節

「人の子は罪人たちの手に引き渡される。」

前者に「聖書に書いてあるとおりに」とあるのは、直前の20節が詩編四一篇10節からの隠れた引用であることを意味している。後者には、旧約引照のモチーフは直接現れてはいないものの、内容的に前者と同じことを指しているのは明瞭である。注目に値するのは、どちらにおいても、「人の子」の受難（「裏切り」、「引き渡し」）がイエス自身によって予告されるのみで、復活には言及がないことである。言い換えれば、「人の子」イエスの受難の必然性を隠れた旧約引用によって論証することだけが目的であり、その受難が持つ救済論的意味については語らないのである。そして、どちらも受難予告であるから、予告の主語である「人の子」は、来るべき再臨のイエスではなく、現に地上にいるイエスを指しているわけである。つまり、これら二つの「人の子」句は、共観福音書伝承の研究が行っている、

（1）来臨の「人の子」について語る伝承、
（2）地上の「人の子」の言動について語る伝承、
（3）受難（と復活）を予告する伝承、

という三区分に即して言えば、（3）に属するのであるが、論理的には、当然ながら（2）をすでに前提しているわけである。事実、共観福音書における「人の子」伝承は、時間的・歴史的にも、（1）→（2）→（3）の順で展開したと考えるほかはない。マルコ福音書一四章20－21、41節は、すでにその最終段階に属しているのである。

同じように地上の「人の子」イエスが自分の受難を予告する場面としては、そのほかにすでに

取り上げたマルコ福音書八章31節、九章31節、一〇章32－34節がある（本書I二、三八頁参照）。

マルコ福音書八章31節

それからイエスは、人の子は必ず（δεῖ）多くの苦しみを受け、長老、祭司長、律法学者たちから排斥され、三日の後に復活することになっている、と弟子たちに教え（διδάσκειν）始められた。

マルコ福音書九章31節

それは弟子たちに、「人の子は、人々の手に引き渡され、殺される。殺されて三日の後に復活する」と言っておられたからである。

マルコ福音書一〇章32－34節

32bイエスは再び十二人を呼び寄せて、自分の身に起ころうとしていることを話し始められた。33「今、わたしたちはエルサレムへ上って行く。人の子は祭司長や律法学者たちに引き渡される。彼らは死刑を宣告して異邦人に引き渡す。34異邦人は人の子を侮辱し、唾をかけ、鞭打った上で殺す。そして、人の子は三日の後に復活する。

いずれも、現在はマルコ福音書の中に収められており、この福音書独特の「神の子の十字架の神学」の遠近法の中に組み込まれて、重要な役割を果たしている。[33] それだけに、どこまでマルコ自身の筆が加わっているのかが問われる。とりわけ、最後のマルコ福音書一〇章32－34節は、現在の受難物語の該当部分そのものを読んだ者でなければ、書けない微細な点を含んでいる。しかし、その問題はここでは別としよう。

重要なのは、どの予告にも、イエスの来るべき受難に「三日の後（の）復活」が加えられていることである。この点が、すでに見たマルコ福音書一四章20－21、41節との顕著な違いである。逆に、Ⅰコリント書一五章3b－7節の信仰告白定式には大きく近づいている。しかし、この告白定式が明瞭に提示している贖罪論的な意味は、これらの予告ではまったく語られない。むしろ、「人の子」イエスの受難から復活までの全プロセスが神の決定の下にあることが明言される。それがマルコ福音書八章31節の前掲の本文に挿入して示したギリシア語〈δεῖ〉「必ず……することになっている」の意味である。この点は、マルコ福音書一四章21、41節がイエスの受難の必然性のみを、隠れた旧約引用によって証明しようとしていたのと同じである。

しかし、「人の子」イエスの受難を予告する伝承においても、やがてその受難の救済論的意義が

（33）この点について、私は他で繰り返し論じてきたので、ここでは繰り返さない。最近のところでは、前掲拙著『終末論の系譜』、二九九－三二〇頁参照。

語られるようになっていった。その証拠となるのは、マルコ福音書一四章24節と一〇章45節である。前者は最後の晩餐の席でのいわゆる「聖餐制定」の場面（マコ一四22－26）の一部である。後者は、今掲出したばかりの三回目の受難予告マルコ福音書一〇章32－34節に直ぐ続いて、ゼベダイの子ヤコブとヨハネが、イエスが復活後に高められるはずの栄光の座の右と左に、自分たち二人を座らせて欲しいと、抜け駆けで要求する場面の結びである。

マルコ福音書一四章24節

（彼らは皆その杯から飲んだ。）そして、イエスは言われた。「これは多くの人のために流されるわたしの血、契約の血である。」

マルコ福音書一〇章45節

「人の子は仕えられるためではなく仕えるために、また、多くの人の身代金として自分の命を献げるために来たのである。」

前者では、「契約の血」が出エジプト二四章8節の隠れた引用であるが（ほかに、ゼカ九11とエレ三一31、34も参照）、「多くの人のために」はイザヤ書五三章11－12節からの隠れた引用である。後者の「多くの人の（身代金）」の背後にも、同じイザヤ書五三章11－12節が隠れている。どちらの場合も、イエスの受難をイザヤ書五三章の「苦難の僕」に重ねることで、贖罪死として提示しているわけである。そしてどちらも受難伝承の展開の上では、最古の層ではなく、それが二次的に拡大された部分に属している。興味深いのは、マルコ福音書一〇章45節の「身代金」（λύτρον）という用語である。ここでは、自分の体を担保にして金を借り、それを返済しない限り担保を受け出せないという社会制度が贖罪論のモデルになっている。ロマ書三章25節、五章9節の贖罪論のモデルは、すでに見たように、レビ記一六章11－15節の供犠論であった。それにイザヤ五三章の「苦難の僕」が加わるのであるから、一口に贖罪論と言っても、そのモデルは多様であったわけである。繰り返しになるが、パウロ以前に成立していた「（イエス・キリストは）誰々のために死んだ」という一般的な定式表現の成立の経緯が厳密には解明できない理由もそこにあると言えるだろう。

　こうして見てくると、イエスの死の必然性のみを聖書引照によって論証することから始まって、やがてその死の救済論的・贖罪論的意義を解釈することへという展開は、かたや受難物語の最古層からⅠコリント書一五章3b－7節の告白定式に至る伝承史（本書Ⅰ三以下参照）、こなた「受難の人の子」伝承、この両者においてほぼ並行していると言うことができる。

　それでは、両者それぞれの伝承史的展開は、相互に時間的にどういう関係にあるのか。具体的に言えば、前者においてⅠコリント書一五章3b－7節の告白定式が形成された時点で、後者の

「受難の人の子」伝承がどの段階に到達していたかは、もちろん厳密にはもはや知ることができない。それにもかかわらず、確実に言えることが一つある。それはⅠコリント書一五章３ｂ－７節の告白定式が形成された時点で、「人の子」伝承はすでに前述の伝承史の三段階（１）～（３）の全てを経て、受難物語伝承と結びつき、その中へ組み込まれていた（マコ一四62と一四21、24、41）ということである。

では、なぜ――われわれはすでに立てた問いをここでもう一度繰り返さねばならない――Ⅰコリント書一五章３ｂ－７節の告白定式は、それにもかかわらず、「人の子」イエスではなく、「キリスト」を主語にして始まるのか。われわれはこの問いに、今やっと解答することができる。その理由の一つは、すでに述べたとおり、受難物語伝承が二次的に拡大された層で、すでに「キリスト」（メシア）が明確なキリスト論的尊称（「受難のキリスト」）として生まれていたからである。もちろん、それに加えて「受難の人の子」の観念もすでに明確に形成されていたが、その「人の子」は、ここまでに引照したすべての本文もそうであるように、どこまでもイエス自身の口にしか入れることができないものだったのである。これは「人の子」伝承の展開のすべての段階を貫く不動の様式上の鉄則であった。[34] その鉄則がⅠコリント書一五章３ｂ－７節に保存された信仰告白定式をも縛っているのである。この信仰告白定式は、エルサレム原始教会の信徒たちが告白するものであって、イエスが直接話法で語るものではないからである。

もし仮にこの信仰告白定式に「人の子」イエスの再臨待望の項目が加えられていたとすれば、その場所は、純粋に論理的に見て、Ⅰコリント書一五章5節「そしてケファ〔ペトロ〕に現れ、次に十二人に〔現れた〕ことである」の後でしかありえなかったことであろう。[35] マルコ福音書一四章62節のようなイエスの直接話法による「人の子」の再臨予告が、その場所にいかに不似合いであるかは、容易に想像することができるだろう。したがって、この再臨待望がⅠコリント書一五章3b－5節の告白定式に出ないことをもって、原始エルサレム教会がこの再臨待望と無縁だったとすることはできない。否、その逆である。原始エルサレム教会は、Ⅰコリント書一六章22節にパウロによって保存されたアラム語の祈り「マラナ・タ」（主よ、来てください）が示すように、再臨待望を生きていたのである。この点はすでに立ち入って論じた通りである（本書Ⅰ二参照）。ペトロ自身もまたそれを共有していたことは、使徒言行録一〇章34－43節に記された彼の伝道説教（特に42節）からも明らかである。

（34）この鉄則については、前出注11参照。
（35）現在の本文でその後に続いている一五6－8は、二回繰り返される「次いで」（εἶτα）と「最後に」（8節）の順番付けが示すとおり、元来5節で終わっていた告白定式が二次的に拡大された部分である。

## 2　Ⅰコリント書一五章３ｂ－７節はペトロの「文責」

われわれはすでにF・ハーンに賛成して、Ⅰコリント書一五章３ｂ－７節の告白定式が「きわめて古い伝承ではあるが、伝承史の発展の最初にあったものではない」と見なした。それでは、その成立は、より厳密には、いったい何時頃であったのか。

この問いを解く重要な手がかりは、この告白定式をパウロが導入するにあたって、「なぜならば、私はあなたがた（コリント教会）に、まず第一に、私も受け継いだことを伝えたからである」（一五３a青野訳）と記していることである。佐竹明はパウロの生涯と伝道活動の経過を年譜的に追った綿密な研究において、パウロが原始エルサレム教会の告白定式を「受け継いだ」のは、彼が初めてエルサレムに上った時を措いてほかにあり得ないという結論に至っている。[36] パウロ自身がガラテヤ書一章18節に記しているところでは、その初めてのエルサレム上京は、回心から「三年後」のことで、その目的は「ケファと知己になる」ためであり、「彼のところに十五日間滞在した」。パウロは、間違いなくその滞在中に、ペトロ（ケファ）本人からエルサレム教会の告白定式を伝授されたのである。パウロの回心は、定説によれば、後三三年頃と考えられる。パウロが言う「その三年後」を「足掛け三年後」と取れば、ペトロからの伝授は後三五年頃となる。それまでに、Ⅰ

コリント書一五章3b－7節はすでに確定されていたわけである。その中でも第一次的な核である一五章3b－5節は、さらに早い段階で確定されていたのでなければならない。仮にイエスの処刑を後三〇年のことだとすれば、そこから足掛け五年に満たない短期間に、最古の受難伝承の形成からⅠコリント書一五章3b－5節の「きわめて包括的な性格の告白定式」までの伝承史の全体が収まるのである。

ペトロはそのプロセス全体にわたって第一の当事者であったことは確実である。最古の受難伝承では、イエスの逮捕の瞬間に、他の弟子たち全員と一緒にイエスを見捨てて逃亡したこと（マコ一四50）、二次的に拡大された伝承層であるマルコ福音書一四章27－31、66－72節では、イエスが最高法院の尋問を受けているまさにその時に、イエスのことを「そんな人は知らない」と否認したことを書き留められてしまっている。そして何よりも、Ⅰコリント書一五章3b－5節の告白定式そのものにおいては、ペトロではなく、わざわざ「ケファ」（岩）と表記されている。それは彼がエルサレム教会の基礎をなす指導者であったことを示している。

これらの事実に照らせば、Ⅰコリント書一五章3b－5節の告白定式の確定にも、ペトロが主たる責任を負っていたことは明らかであろう。パウロが伝授された時には、それはさらに6－7

（36）佐竹明『使徒パウロ』（前出）、九八、一〇九頁。

節を含む形に拡大され、復活のイエスの顕現を経験した者のリストに「五百人以上の兄弟たち」と「主の兄弟」ヤコブが追加されていた。その拡大版の文言もペトロの査読なしに確定されたはずはないであろう。もちろん、現在のⅠコリント書一五章3b－7節の文面が、逐語的に元来の本文を再現しているわけではなく、引用者のパウロの手による改変も含んでいるかも知れない。しかし、その元来の形に対する「文責」は、ほぼ確実にペトロにあると見るべきである。ということは、ペトロは神学的（救済論的）には、Ⅰコリント書一五章3b－5節の贖罪論の立場であったことを意味する。[37]

その贖罪論には、モーセ律法の拘束力をどう見るかという点で、一定の矛盾が残されていた。なぜなら、「罪」が複数形で語られるとき、「罪」は決疑論的に定義されるため、イエスの死はモーセ律法そのものの拘束力を止揚せずに終わるからである。レビ記一六章11－15節の供犠条項も含めて、モーセ律法の個々の条項が規準として拘束力を持ち続けるのである。この思考構造について、私はこれまで繰り返し述べてきた。[38]

そのために、ペトロのモーセ律法に対する態度は一義的に明瞭ではなかったと推定される。彼はエルサレム教会成立後間もない段階で起きたユダヤ教指導部からの迫害（ステファノを中心とするいわゆる「ヘレニスト」への迫害）を免れ、その後のヘロデ・アグリッパⅠ世によるゼベダイの子ヤコブの殺害に際しては、自分も同じ目に遭う寸前で間一髪殺害を免れている（使一二3以下、後四二／四三年頃）。さらには、パウロがガラテヤ書二章11－14節で報告するいわゆる「アンティオキアの衝突」事件（後四九年頃）では、それまで参加していた異教出身の信徒との会食から迷いながらも身を引いたとして、パウロから手酷く批判されている。ペトロをめぐるこれらの一連の出来事も、モーセ律法に対するペトロの態度が一義的に明瞭ではなかったためと考えれば、一応筋の通った説明がつく。[39]

（37）この点から見ると、その後ルカが使三18－19でペトロにエルサレム神殿で説教させ、イエスの受難を贖罪死として語らせるのは当たっていると思われる。すでにO・クルマン『ペテロ　弟子・使徒・殉教者』、荒井献訳、新教出版社、一九六五年（原著は一九六〇年第二版）、七六頁が同じ見解。ただし、同七八頁で、クルマンは使三13、26、四25、30がイザ五三13の「神の僕」を引照していることもペトロ自身によるものと見做しているが、この点には、われわれはすでに述べた理由（本書Ⅰ三、四〇－四一頁参照）からにわかに賛同できない。

（38）特に前掲拙著『イエスの時』、一三四－一五一頁参照。

（39）小河陽『パウロとペテロ』、講談社選書メチエ、二〇〇五年も、Ⅰコリ一五3b－7の宣教定式が「ペテロ（ママ）周辺でまとめられた」ことを指摘する（一五〇頁）。ただし、ペトロの福音理解はパウロのそれと基本的に一致していたことを繰り返し強調する（一三八、一四五、一五二頁）。私はこ

## 五　贖罪論の広がり

Ｉコリント書一五章3b－5節と同系統の贖罪論に言及する箇所は、パウロ以後の新約文書の中に少なくない。該当する主な箇所を著作年代順[40]に列挙すると、ほぼ次のようになる。

(1) コロサイ書一章14節（六〇年代前半）

わたしたちは、この御子によって、贖い（ἀπολύτρωσις）、すなわち罪（ἁμαρτίαι）の赦しを得ているのです。

(2) コロサイ書一章20節

（神は）その（＝御子の）血（αἷμα）によって平和を打ち立て、……御自分と和解させられました。

(3) エフェソ書一章7節（八〇－九〇年頃）

わたしたちはこの御子において、その血(αἷμα)によって贖われ(ἀπολύτρωσις)、罪(παραπτώματα)

を赦されました。

(4) エフェソ書二章13節

しかし、あなたがたは以前は遠く離れていたが、今や、キリスト・イエスにおいて、キリストの血（αἷμα）によって近い者となったのです。

(5) ヘブライ書九章11―12節（八〇―九〇年代）

11けれども、キリストは、既に実現している恵みの大祭司としておいでになったのですから、人間の手で造られたのではない、すなわち、この世のものではない、更に大きく、更に完全な幕屋を通り、12雄山羊と若い雄牛の血によらないで、御自身の血（αἷμα）によって、ただ一度聖所に入って永遠の贖い（λύτρωσις）を成し遂げられたのです。

---

ここに述べた理由から、小河氏のこの見方には賛成しない。

（40）括弧内に表示。岩波書店刊行の合本版『新約聖書』（二〇〇四年）に準ずるが、ごく大まかな目安に過ぎない。

(6) ヘブライ書九章26－28節
[26]（キリストは）世の終わりにただ一度、御自分をいけにえ（θυσία）として献げて罪（ἁμαρτία）
を取り去るために、現れてくださいました。（中略）[28]キリストも、多くの人の罪（ἁμαρτία）
を負うためにただ一度身を献げられた後、二度目には、罪（ἁμαρτία）を負うためではなく、
御自分を待望している人たちに、救いをもたらすために現れてくださるのです。

(7) Ｉペトロ書一章18－19節（後八一－九六年のドミティアヌスの治世下）
[18]あなたがたが先祖伝来のむなしい生活から贖われた（ἐλυτρώθητε）のは、……[19]きずや汚
れのない子羊のようなキリストの尊い血（αἷμα）によるのです。

(8) Ｉペトロ書二章21－24節
[21]キリストもあなたがたのために苦しみを受け……（中略）……[24]木にかかって、[41]自らその
身にわたしたちの罪（ἁμαρτίαι）を担ってくださいました。わたしたちが、罪（ἁμαρτίαι）に
対して死んで、義によって生きるようになるためです。そのお受けになった傷によって、あ
なたがたはいやされました。

(9) ヨハネ福音書一章29節(一〇〇年頃)
その翌日、(洗礼者)ヨハネは、自分の方へイエスが来られるのを見て言った。「見よ、世の罪(ἁμαρτία)を取り除く神の子羊だ。」

(10) Iヨハネ書二章1－2節(一一〇年頃)
[1]もしそれでも誰かが罪を犯す場合には、私たちには父のもとに義なるイエス・キリストが弁護者としていて下さる。[2]この方こそ私たちの罪(ἁμαρτίαι)のための、いや、私たちの罪(ἁμαρτίαι)のためのみならず、全世界のための贖いの供え物(ἱλασμός)である。

(11) Iヨハネ書三章5節
あなたがたも分かっているように、あの方が現れたのはもろもろの罪(ἁμαρτίαι)を取り除くためであり、彼には罪(ἁμαρτία)はなかったのである。

---

(41)新共同訳は「十字架にかかって」と意訳。聖書協会共同訳も類似の意訳。原文はガラ三13と同じで、申二一22－23からの隠れた引用なので、「木にかかって」と訳す。

⑿ Ｉヨハネ書四章10節

愛は私たちが神を愛したことにあるのではなく、神が私たちを愛し、そのひとり子を遣わして私たちの罪（ἁμαρτίαι）のための贖いの供え物（ἱλασμός）として下さったことにある。

これらの箇所はいずれも、イザヤ書五三章の「苦難の僕」かレビ記一六章11－15節の贖罪の供犠条項からの隠れた引用を含んでいる点で、Ｉコリント書一五章3b－5節と同系統の贖罪論と呼ぶことができるだろう。イザヤ書五三章のからの引用であることは、文字通り隠されているが、レビ記一六章11－15節からのそれは、「血」（αἷμα）のキーワードに明瞭に読み取られる。同じレビ記一六章11－15節（あるいは、レビ記全体）は、ヘブライ人への手紙では、掲出した二箇所以外にも圧倒的な頻度で明示的に引照されている。Ｉヨハネ書二章1－2節（No.10）の場合は、「贖いの供え物（ἱλασμός）」という用語自体がヘブライ書二章17節の「罪を償う」（ἱλάσκεσθαι）およびロマ書三章25節の「贖罪の供え台」（ἱλαστήριον）と同根であり、やはりレビ記一六章の供犠条項を引照している。ただし、この二箇所から直接的に影響されているわけではない。No.⑴～⑷の場合は、あるいはロマ書三章24－25節の影響下にあるかも知れない。しかし、当然ながら、上記すべての箇所がすべてロマ書三章24－25節とＩコリント書一五章3b－5節の直接的な影響下にあるわけではない。むしろ、同系統の贖罪論がさまざまな伝承ルートで、現在の文書に到達したものと考える他はない。

その観点から注目に値するのは、これらの箇所を含む文書の圧倒的に多くが、地理的には、パレスチナより西方の地中海世界に属することである。パレスチナに属する可能性が残るのは、No.(9)のヨハネ福音書のみである。[42] No.(1)〜(4)とNo.(10)〜(11)は小アジアであり、No.(5)〜(6)のヘブライ書は、末尾に二次的に付加された一三章24節を信頼すれば、著作地は「イタリア」であろう。Iペトロも「バビロン」、すなわちローマを執筆地として言及している(五13)のみならず、ペトロ自身の筆であることを装っている(一1)。

贖われる「罪」の内容の変化にも、注意しなければならない。それはもはやIコリント書一五章3b―5節の告白定式の場合のように、モーセ律法に対する違反行為のことではない。むしろ、ヘブライ書六章1節の言う「死んだ行い」、Iペトロ書一章18節の「先祖伝来のむなしい生活」、Iヨハネ書の言う「御子を認めず、兄弟を愛さない」(二22、三8―10他参照)こと、すなわち、キリスト教の信仰を否み、その倫理に違反することである。

同じことは、使徒教父文書のいくつかにも当てはまる。「使徒教父」とは、「使徒の時代に活躍

(42) 詳しくは拙著『ヨハネによる福音書』、日本キリスト教団出版局、一九九六年、四六―五三頁、および本書Ⅳ補論の二節参照。

した教父たち」あるいは「使徒の弟子たち」の意であり、現在これに数えられる合計十一の文書は、成立時期の上でも信仰にとっての価値の上でも、正典新約聖書の中の後期の文書（今掲出したIペト、Iヨハなど）に匹敵する権威を認められてきた。成立地は全てが西方というわけではないが、西方で成立したことが明白なものもある。ここでとりわけ注目に値するのは、『ヘルマスの牧者』である。その成立地はローマであり、贖罪信仰の伝統を踏まえていることは「第五のたとえ」六章2－3節から明らかである。そこではこう言われる。――「更に、み子は御自ら彼らの罪（ἁμαρτίας 複数）を、苦労して、多くの労苦を忍んで、清められた。（中略）み子は国民の罪を清められたのちに、彼らに命の道を示され、彼らに父から授かった定めを与えられた。」[43] 最後に「父から授かった定め」とあるのは、キリストが与える新しい倫理条項、言い換えれば「キリストの律法」のことに他ならない。信徒の行動はその「キリストの律法」の条項に即して、ケース・バイ・ケースで、つまり「場合ごとに」、「罪」に該当するかどうかを決せられるのである。「罪」概念がこのように決疑論化される可能性は、前節の終わりで指摘しておいた通り、すでにIコリント書一五章3b－5節の贖罪論が「罪」を複数形で語った時に内包されていたものである。それが今や『ヘルマスの牧者』において顕在化しているのである。その結果、この文書では、キリスト教倫理は「新律法主義」[44] となり、信徒には神（父）の定め以上の善行を為すことが期待されるに至っている。その典型を一つだけ挙げておこう。

「もしおまえが神のいましめを越えて何らかの善行をするならば、もっと大いなる栄光を自らに受け、おまえが受けるはずのものよりも大いなる栄光が神のもとであたえられるであろう（「第五のたとえ」三3）。[45]

他方で、同じ時代のパレスチナのユダヤ人キリスト教に目を転ずると、そこにはキリスト教徒でありながら依然としてモーセ律法の遵守を核とするユダヤ教の生活習慣（とりわけ割礼）にこだわる立場が、固有の歴史を刻んでいた。彼らの日常語はアラム語であった。われわれはこの立場のことを、以下では「**ユダヤ主義的キリスト教**」と呼ぶことにする。ユダヤ主義的キリスト教は、さまざまな伝承によれば、「義人ヤコブ」（主《しゅ》の兄弟ヤコブ）を自分たちの頭領として仰いでいた。そこから、歴史上のヤコブについて、何が確かめられるだろうか。彼は前節で見たような**ペトロ**の救済論、すなわち贖罪論にどういう姿勢で関わっただろうか。これが以下の節での検討課題である。

（43）『ヘルマスの牧者』（荒井献）、『使徒教父文書』、講談社、一九九八年所収、三七四頁。
（44）前掲『使徒教父文書』、二二一頁（荒井献）参照。
（45）前掲『使徒教父文書』、三六九頁。さらに「第五のたとえ」二7にも同じ趣旨の文言がある。

# II　主の兄弟・義人ヤコブの指導権時代

## 一　ヤコブの年譜

新約聖書の中でヤコブが言及される年代的に最も早い箇所はガラテヤ書一章19節である。それは、すでに述べたように、パウロが最初にエルサレムに上り、ペトロのもとに十五日間滞在してⅠコリント書一五章3b－7節の告白定式を伝授された時である。われわれはそれをほぼ後三五年のことと想定した。しかし、それ以前の生涯については、残されている史料がきわめて乏しい。イエスと同じ母マリアから生まれた実弟であることは、マルコ福音書六章3節に照らして間違いはない。また、後二世紀後半のユダヤ人キリスト教の歴史家ヘゲシッポスの『覚え書』[46]には、生涯にわたってナジル人（民六1－21参照）の生活を貫こうとする立場――しかも、その規定以上の厳格さで貫くことを目指す、言わば「超ナジル人」――であったことが、次のように記されている。

（46）後一八〇年頃刊。以下では、エウセビオス（後二六〇－三四〇年）『教会史』Ⅱ二三4－18にある抜書きによる。

[4]主の兄弟ヤコブは、……（中略）……彼は母の胎内にいるときから聖別され、[5]ぶどう酒や濃い酒を飲まず、命あるものも食べず、かみそりを頭に当てることもなかった。彼はオリーブ油を塗りもしなければ風呂にも入らなかった。[6]〔そして〕彼だけに聖所に入ることが許された。彼が毛ではなく、〔つねに〕極上の亜麻布をまとっていたからである（エウセビオス『教会史』Ⅱ二三4－6、秦剛平訳）

その後、パウロの最初のエルサレム上京時には、ヤコブはすでにエルサレム教会に加わり、ペトロに一目置かれる立場にあった。それはガラテヤ書一章18節以下でのパウロの言葉遣いから窺われる。そこでパウロは、まず、ペトロのもとに滞在中、「しかし、主の兄弟ヤコブ以外には、使徒たちのうちの他の者には誰にも会わなかった」（19節）と記している。続く22－24節では、「ユダヤの諸教会」はパウロとまだ面識のないまま、「かつて私たちを迫害した者が、今は、かつては自分が荒らしまわっていた信仰を福音として告げ知らせている」と噂していると記し、最後に「そして、彼らは私のことで神に栄光を帰していた」と結んでいる。しかし、明らかにこの結びは、事実を後付けでことさらに美化したもので、実際には、パウロは僅か数年前まで自分がエルサレム原始教会を中心とするキリスト教徒たちを迫害していたことを彼らが聞いているに違いないと恐れていたのである。事実、使徒言行録九章26－28節は、パウロのこの上京のことを聞いた者たちの方でも、「皆、彼を弟子とは信じないで恐れた」と記している。これが実情であったに違いない。そのように、自分の回心と上京をできれば隠しておきたかったパウロが、わざわざ主の兄弟ヤコブにだけは初対面で「会った」のである。そこには、確実にペトロの勧めがあったに違いない。ペトロはすでにそれ以前、復活のイエスの顕現体験者リストの最後（Iコリ一五7）にヤコブの名前を加える時点で、ヤコブと直接意見を交換していたはずである。ペトロは遅くともそれ以後、ヤコブに一目置いていたのであろう。そのペトロが、パウロに他でもないIコリント書一五章3b－7節を伝授したのと同時に、ヤコブにだけは「今会っておく」ことを同時に勧めたわけである。これは私のまったくの印象だが、ペトロは、あたかもIコリント書一五章3b－7節の告白定式について、「使徒たちのうちの他の者」たちは一括して自分と同意見であることを確信していたが、ヤコブの意見だけは、直接パウロ自身にも確かめさせておく方が良策と考えたかのごとくなのである。

事実、その後ヤコブは、ペトロの予測通り、エルサレム教会の中で台頭し、やがてペトロに代わって、その指導権を掌握するに至る。おそらく、後四五年頃のことであったと推定される。その直前の後四二／四三年には、使徒言行録一二章3－4節が報告する事件が起きている。すなわち、時のユダヤ統治を委ねられたヘロデ・アグリッパI世（在位後三七－四四年）がユダヤ教の律法厳格派の歓心を買うために行ったエルサレム教会への迫害である。前述のとおり、その迫害では、ゼベダイの子ヤコブが犠牲となり、ペトロ自身も逮捕されたが一命を取り留めている。ペトロから主の兄弟ヤコブへの指導権交代は、佐竹明によれば、そのように保守化を強める政治的環境の中で「エルサレム教会の選んだ自衛手段の一つ」であった。[47] つまり、ヤコブの立場がペトロよりも明瞭にユダヤ主義的であったことについて、衆目が一致していたのである。

ヤコブの最期については、重要な報告が二つある。一つは後一世紀のユダヤ人歴史家ヨセフスの『ユダヤ古代誌』XX巻九章1節（＝§一九七－二〇三）、もう一つは、エウセビオス『教会史』がすでに引照した箇所に直続するII巻二三章8－18節で行っているヘゲシッポスの『覚え書き』からの抜書きである。前者は、大祭司（アナノスの子）アナノス（在位は後六二年の一年弱のみ）がヤコブを処刑した理由を、彼とエルサレム原始教会が「律法を犯したかど」と記している。後者はヤコブを際立った「義人」として描きながらも、ユダヤ教の指導者たちによって処刑（私刑）された理由は、彼らの「人の子」イエスの再臨への待望にあったことを報告している。[48]

われわれの見るところでは、ヨセフスの方に、より大きな蓋然性がある。この点で参考になるのがステファノの殉教事件（使六8－八1）である。おそらく後三二年頃のことと推定される。その処刑の理由とされたのは、彼が「人の子」イエスの再臨を待望していたからではなかったはずである。もちろん、ヤコブがその時点ですでにエルサレム教会に加わっていたか否かは分からない。しかし、明らかにペトロは「人の子」イエスの再臨待望を共有していたのであるから、もしステファノの殉教の理由が同じ再臨待望であったとすれば、ペトロが迫害を免れたことが説明できなくなる。したがって、ステファノが迫害されたのは、むしろ「モーセが伝えたユダヤ人の生活習慣を変えよう」（使六14）としたからであったと考えられる。その後、四二／四三年頃に、前述のように、ゼベダイの子ヤコブがヘロデ・アグリッパI世によって殺害され、ペトロ自身にも同じ危険が及びかけたのも、おそらく同じ嫌疑によると思われる。そこから見ると、義人ヤコブの処刑についても、その理由を「律法を犯したかど」に帰すヨセフスの方が信頼に値すると言うべきである。

このことは逆にヘゲシッポスの報告からも言える。なぜなら、ヤコブが処刑の直前に民衆に向かって「人の子」イエスの再臨待望を口にしたのは、処刑を執行するユダヤ教指導部自身にとっては予期に反したことであったことがそこから窺われるからである。彼らが期待していたのは、「イエスがキリストではない」という証しであった（エウセビオス『教会史』II二三10）。ところが、ヤコブが実際に口にした「人の子」イエスの再臨は、彼らにとっては「あんな証し」（同II二三14）だったと言う。あたかも、彼らには再臨待望は取るに足らないという感じなのである。

(47) 佐竹明『使徒パウロ』（前出）、一二六頁。小河陽『パウロとペテロ』（前出）、九三頁も参照。
(48) より詳細な分析が拙著『イエスの「神の国」のイメージ——二世紀のユダヤ主義キリスト教への影響史』（前出）、一四九—一五七頁にある。

では、大祭司（アナノスの子）アナノスがヤコブにかけた律法違反の嫌疑とは、一体何だったのか。それはヤコブがエルサレム神殿で行われていた動物の供犠への参加を拒んだことにあったのではないか。これが、私が最近の論考[49]で提起している仮説である。私がその論拠としているのは、ヤコブを「超ナジル人」として描くヘゲシッポスの前述の報告（エウセビオス『教会史』Ⅱ二三5－6にある抜き書き）、およびそれに加えて、『ペトロの宣教集』である。

『ペトロの宣教集』は、後二世紀のユダヤ主義キリスト教に属する文書であり、[50]詳しくは次節以降で順次紹介してゆく予定である。ここでは、目下の論点と関連することだけを前倒しで紹介すれば、生前のイエスは神殿での動物の供犠と、その条項を含む「律法の誤謬の段落」を廃止するために到来した「真の預言者」であることが繰り返し強調されるのである。しかも、それはパレスチナの地中海沿岸をシリアのアンティオキアに向かって北上しながら宣教中のペトロが、終始エルサレム教会の指導者ヤコブの立場を実質的に代弁する体裁で語られる。文書全体に先立って置かれている『宣教集の受取人の誓約』では、ヤコブ自身が「(この文書は) 割礼の者で信仰深い者にのみ与えるべきもの」（一1）と宣言している。[51]したがって、繰り返される供犠拒否の言説についても、当然ながら、エルサレムの指導者ヤコブも同じ意見であることが前提されているわけである。私の仮説は、そこにヨセフスおよびヘゲシッポスの報告との整合性を認めることで成り立っている。

ペトロに代わってエルサレム教会の指導権を掌握してから最期の殉教までの間のヤコブの言動を知る上で重要なのは、(1)使徒会議（後四六－四八年頃)、(2)アンティオキアの衝突（後四九年頃)、(3)「使徒教令」(使一五20、29、二一25)、および(4)パウロとの最後の会見（使二一18－30、後五六年頃）である。

(1) **使徒会議**（後四六－四八年頃）は、端的に言えば、アンティオキア教会が中心となってヘレニズム文化圏への宣教が進展して行くにつれて増え始めた異教からの入信希望者に、割礼を条件として課すか課さないかをエルサレム教会と協議するために行われた。パウロはこれにバルナバとともにアンティオキア教会の代表として参加した。彼にとっては、第二回目のエルサレム上京であり、最初の上京から十四年後のことであった。ガラテヤ書二章1－10節が、パウロの側か

---

(49) 前注に掲出した拙著一五五－一五六頁。
(50) 邦訳は『ペテロの宣教集』(青野太潮訳)、『聖書外典偽典・別巻・補遺II』、教文館、一九八二年、一一五－一六五頁。『偽クレメンス文書』と総称される『ペトロの講話集』(ギリシア語)と『再会』(ラテン語)から文献学的に再構成されるもので、後二〇〇年ごろ成立したと推定される。その再構成にかかわる詳細については、邦訳の劈頭に付された訳者解説、および前掲拙著『イエスの「神の国」のイメージ――ユダヤ主義キリスト教への影響史』(前出)の論考V、一五八－一六〇頁を参照。
(51) 前掲『ペテロの宣教集』(青野太潮訳)、一三三－一三七頁所収。ここでは特に一三三頁を参照。

らのその報告である。その結果は、ガラテヤ書二章9節に「私たち〔パウロとバルナバ＝アンティオキア教会〕は異邦人たちの〔のところ〕へ〔行き〕、彼ら〔エルサレム教会〕は割礼〔の者たちのところ〕へ」行くことになった、と記されている。つまり、割礼は異教からの入信希望者の義務条件から外されたのである。ただし、パウロとバルナバは、異邦人教会からエルサレム教会の「貧しい者たち」のための献金を集める義務を負った（ガラ二10）。

パウロの報告によるかぎり、この会議の時点でのペトロとヤコブの発言力の強さ関係には微妙なものがある。パウロは一方では、「割礼の者たちへの福音」がペトロに委ねられている（ガラ二7－8）と語りながら、エルサレム教会の「柱」と重んじられている三人を列挙する際には、「ヤコブとケファ（ペトロ）とヨハネ」の順にしている（ガラ二9）。おそらく、正式な指導権はすでにヤコブに移っていたが、ペトロもなお大きな発言力を保持していたということだと思われる。

（2）アンティオキアの衝突（後四九年頃）は、アンティオキア教会で行われていた元異教徒で無割礼のままの信徒と元ユダヤ教徒として割礼を受けている信徒が同席する会食の場で起きた。パウロはその時のペトロの行動を、「ヤコブのもとからある者たちがやってくる以前には、彼は異邦人たちと食事を共にしていたのに、彼らがやって来た時には、割礼の者たちを恐れて彼は退きはじめ、自らを引き離しはじめた」（ガラ二12）と述べている。

「ヤコブのもとからある者たち」が何のためにアンティオキア教会にやって来たのか、所用の向きは分からない。ただし、ヤコブが初めからアンティオキア教会（パウロ）と事を構えるつもりで、「ある者たち」を派遣したようには読めない。ペトロの行動変容も逡巡の様を示している。おそらく、彼は「ヤコブのもとから（やって来た）ある者たち」の内心の危惧を忖度したのである。それは異邦人との会食を原則として禁じるユダヤ教の戒律に違反するのではないかという恐れである。[52]彼らはもともと割礼を受けたユダヤ教徒であり、改宗して原始エルサレム教会に参加した後の今も、ユダヤ教の生活習慣を遵守しようとする立場、すなわちユダヤ主義に立っていたに違いない。彼らは「ヤコブのもとから」来たと言われるのだから、ヤコブも同じ立場であったことは確実である。

その立場から見れば、つい最近行われた使徒会議で、自分たちエルサレム教会が「割礼の者たち」、つまりユダヤ教徒に向けて、その生活習慣を尊重しながら、福音を宣べ教えることを、アンティオキア教会（パウロ）側も承認したはずではないか。これが「ヤコブのもとから」来た者たちの理解であったに違いない。会議に主要メンバーとして同席していたペトロにも、そのことは十分以上に理解できたはずである。つまり、その時の出席者の誰にも気づかれないままでいた問

(52) この禁則については、たとえば使一〇28でのペトロが「あなたがたもご存知の通り、ユダヤ人が外国人と交際したり、外国人を訪問したりすることは、律法で禁じられています」と述べている。ちなみに『ペトロの講話集』XIII四（拙著『イエスの「神の国」のイメージ』、三一五頁）も参照。

題が、今やアンティオキア教会の会食という具体的な局面で、突如降って湧いたように顕在化したのである。それは、無割礼のまま入信したキリスト教徒たちは、いったいどこまでユダヤ教の食物規定に拘束されるのかという問題である。

(3) いわゆる「**使徒教令**」は、現在の使徒言行録一五章では、前述(1)の使徒会議でヤコブの主導権の下に形成された最終合意として記されている(一五20、29。なお二一25も参照)。しかし、有力な学説に準ずれば、それはその合意を権威づけるために、使徒言行録の著者ルカが意図的に行った編集の結果であって、実際には、アンティオキアの衝突が起きた後に、そこで思いがけず顕在化した前述の問題への対処策として、エルサレム教会から出されたものと考えられる。[53]

さて、「使徒教令」の正式の文言は、使徒言行録一五章29節によれば、「偶像に供えられたものと、血と、絞め殺したものと、不品行とを避けること」である。ここで注意すべきは、使徒会議における合意に準じて、「**割礼**」が除外されていることである。挙げられている四項目は、「元来、ユダヤ人がイスラエル居住の異邦人(中略)に守ることを要求した最小限の禁令に由来する」[54]と言われる。この教令の制定と発布にヤコブが発揮した主導権が、本当にルカの報告(使一五13―21)ほどに大きかったか否かはここでは別としよう。いずれにしても、ヤコブが責任的に関与したことは間違いない。使徒会議からこの教令に至るヤコブの指導が柔軟性に富んだものであることを否定するのは難しい。

反対に、やがてパウロがガラテヤ書とフィリピ書で対峙することになる「論敵」たちが、異教から改宗して入信した信徒たちに、割礼による「仕上げ」を要求した（ガラ三3、フィリ三12）ことは、明らかに、ヤコブを超える方向性を示している。むしろ、使徒教令以後にエルサレム教会内に台頭した強硬論を想定するほかはないと思われる。使徒会議に次いで今や使徒教令でも、割礼が異教から改宗して入信する者の義務ではないことが宣言されればされるほど、彼らは割礼の重要さをイデオロギー的に強調して行ったのであろう。[55]

（４）ヤコブの柔軟性は、パウロとの最後の会見にも見て取れる。その会見は、パウロがいわゆる第三回伝道旅行（使一八23以下）で訪問した教会から集めた献金を届けにエルサレム教会を訪れた時のことである（使二一17－25）。ルカの報告は、パウロの挨拶と経過報告を聞いたエルサレム教会の長老たちが「神を賛美した」と平和的に始まる。しかし、彼らは直ちに心中の深い懸念を表明する。それは、もともとユダヤ教徒で改宗して信徒となった後も「律法の熱心な遵法者たち（ζηλωταί）」であり続けている者が「幾万」といて、パウロが至るところで散在のユダヤ教徒にま

（53）岩波合本版『新約聖書』の該当箇所（荒井献）の訳註10参照。

（54）岩波合本版『新約聖書』の該当箇所（荒井献）の訳註９参照。モーセ五書でこれに該当する箇所としては、レビ記一七8、10、13、15、及び一八章を参照。

（55）G・タイセン『新約聖書　歴史・文学・宗教』、大貫隆訳、教文館、二〇〇三年、九四頁参照。

で、割礼をはじめとするユダヤ教の生活習慣を捨てるように説得していると聞かされて憤っているから、直接パウロを目にすれば何か危害を加えかねない、という懸念であった（使一五20－22参照）。

長老たちは「いったい、どうすればよいか」と思案の末に、窮余の一策を捻り出す。エルサレム教会の中に、ちょうどナジル人の誓約の満願を迎える直前の信徒が四人いた。規定にしたがって、彼らは神殿で供犠を供えた上で剃髪しなければならない（民六13－20参照）。それには費用がかかるが、もしパウロが代わりに負担すれば、彼が律法を遵守していることの証明になり、エルサレム教会の中にもいる「律法の熱心な遵法者たち」の懸念を晴らせるだろうという算段であった。[56]

もちろん、現在の使徒言行録の論述には、明らかに著者ルカの編集の手が加わっている。とりわけ、前出の使徒教令（使一五29）への再指示を使徒言行録二一25（「異邦人で信者になった人たちについては、わたしたちは既に手紙を書き送りました。それは、偶像に献げた肉と、血と、絞め殺した動物の肉とを口にしないように、また、みだらな行いを避けるようにという決定です。」）に挿入したのは、ルカの編集である。しかし同時に、そのことから逆に、ルカがここで古い伝承を下敷きにしていることが同時に明らかになる。もしその古伝承が史実を伝えているとすれば（その可能性は高いと思われる）、この策がエルサレム教会の指導者であったヤコブの承認を経ていないはずがない。そうだとすれば、ヤコブは自分自身は（われわれの仮説によれば）動物の供犠を拒否する立場であったにもかかわらず、自分の監督下にいる信徒たちがナジル人の満願の儀式のために供犠をすることについては、これを容認したばかりか、自分の教会内部にパウロをめぐって衝突が発生することを回避するための仲裁策として利用したことになる。その政治力は相当なものである。[57]

(56) G・タイセンの小説『パウロの弁護人』、大貫隆訳、教文館、二〇一八年、二〇一頁は、この提案に関して興味深い説明を行っている。すなわち、異教徒はもとよりエルサレム神殿の境内に立ち入ることができず、当然動物の供犠にも参加できなかったが、あらかじめ代金を払えば、自分の代わりの供犠を捧げてもらうことができたと言う。他方で、パウロは目下のエルサレム訪問には、トロフィモというギリシア人を同行させていた。おそらく、パウロは提案された供犠が捧げられる当日に、そのトロフィモを神殿の中の立ち入り禁止の境界まで連れて行った。そしてそのことがユダヤ当局に逮捕される直接のきっかけになってしまった(使二一27―36)。しかしパウロは、第三回伝道旅行で集めた献金から代金を予め支払うことで、献金主の元異教徒の信徒たち全員が供犠に参加したことにしたかったのである。なぜなら、パウロの最終的な願望は、異邦人そのものが神に喜ばれる供え物となる(ロマ一五16)ために、「異邦人全体がエルサレム神殿に入る」(ロマ一一25)ようになることだったからだ、と言う(以上、G・タイセン『イエスとパウロ――キリスト教の土台と建築家』、日本新約学会編訳、教文館、二〇一二年、二三八―二三九頁参照)。いずれにせよ、パウロ自身には、われわれの仮説が想定するヤコブのように、神殿での供犠を拒む意思はなかったことは明らかである。

(57) K. H. Rengstorf も同じ仲裁力を認めている(『旧約新約聖書大事典』、教文館、一九八九年、一二〇二b)。

## 二　ヤコブの救済論＝律法の実行による救い

次に、われわれはヤコブの救済論を問わねばならない。ペトロの救済論は、イエスの死を贖罪死と見ていた。ヤコブの救済論はそれとどう異なり、なぜ異なるのか。しかし、この問いに直接答えてくれる史料は存在しない。[58] そのため、ヤコブに始まったユダヤ主義の系譜に連なりながら後二世紀のパレスチナに存続したキリスト教の諸分派について、同時代の、あるいはさらに後代の教父や著作家が書き残している大小さまざまな伝承から、時間を遡って推定する他はない。それらの伝承では、キリスト論、倫理（生活習慣）、終末論などが渾然一体になって報告されている。そこでわれわれはそれを整理しながら、恒常的に現れてくる要素を探して、ヤコブの救済論を推定することにする。

### 1　ヘゲシッポス『覚え書』

ヘゲシッポスの『覚え書』については、すでに前節で、そこに含まれるヤコブの最期に関する報告（エウセビオス『教会史』II二三8－18）に言及した。その報告は、ヤコブが最期まで「人の子」イエスの再臨の待望を堅持していたとする点で、信頼に値する。

すでに確認したとおり（本書I四1、五三－五四頁参照）、エルサレム教会は「人の子」イエス伝承の発展の三段階――すなわち（1）再臨の「人の子」イエス、（2）地上で活動する生前の「人の子」イエス、（3）受難を予告する「人の子」イエス――すべてを承知していた。

同じことが、エルサレム教会のメンバーであったヤコブにもあてはまるはずである。しかし彼にとっては、その中でも、（1）の再臨待望が主軸だったのである。エルサレム教会の周辺で生前のイエスの「神の国」の宣教を継続し、そのためにやがてイエスの語録集（Q資料）を編んだグ

なお、なぜルカはわざわざ使二一25に使徒教令への再指示を書き加えたのか。この問題も目下の関連で一考に値する。というのは、現在の文脈では、その再指示がそこにある意味がよく分からないからである。私の判断では、一つありうべき解答は次のとおりである。すなわち、G・タイセンが前掲書で言っているように、異教徒も予め代金を払えば、自分の代わりの供犠を捧げてもらうことができたことを、ルカも承知していた。そして、パウロが第三回伝道旅行から持参した献金であらかじめ代金を支払えば、献金した異邦人信徒たち全員が供犠に参加したことになる。それは使徒教令には違反しない。なぜなら、そこにはエルサレム神殿での供犠への参加を禁ずる項目はないからである！　これがルカの思考回路ではないだろうか。

（58）新約聖書中のヤコブの手紙は「主の兄弟ヤコブ」の名前を借りた偽書（後一世紀後半）である。この点については、後出注101を参照。

ループにとっても、同じ（1）再臨（来臨）の「人の子」イエスこそがほとんど排他的に重要であった。その語録資料は、確実にヤコブの最期までには成立していたはずである。両者は再臨待望の点で並行していると言うことができる。

ヘゲシッポスは、もう一つ、ヤコブの孫世代の親族が皇帝ドミティアヌスに「キリストの王国」について尋問を受けたことを報告している（エウセビオス『教会史』Ⅲ二〇1－6に抜き書きがある）。それはイエスの再臨への待望がヤコブの孫世代まで継承されて行ったことを証明している。注目に値するのは、「キリストの王国」について尋問された農夫（ヤコブの実弟ユダの孫）の証言が、「それは（中略）世界が終る時に初めてやって来るものであること、その時その方は栄光の内に現れて、生者と死者をそれぞれの生き様に従って裁くだろう」（エウセビオス『教会史』Ⅲ二〇4）と結ばれていることである。再臨の「人の子」イエスは、何よりも最後の審判者なのである。そこで各人を救いと滅びに分けるものは、他でもない「それぞれの生き様」である。

## 2　エイレナイオス『異端反駁』

ルグドゥヌム（現リヨン）の司教エイレナイオスは後一八〇年代に『異端反駁』を著した。そのI巻二六章2節は「エビオン派」について、次のように報告している。

いわゆるエビオン派[59]の者たちは、この世界が〔唯一の真の〕神によって造られたとする点では、たしかにわれわれと同意見である。しかし、主に関してはケリントスおよびカルポクラテスとまったく同じことを説いている。彼らはマタイ福音書しか用いず、使徒パウロを拒んで退ける。なぜなら、彼は〔モーセの〕律法を無にしてしまったからだという。彼らが熱心に解き明かそうとして使っているのは預言書である。彼らは割礼を行い、律法に定められていることとユダヤ教の生活習慣を遵守している。そのため、エルサレムを神の住居として崇拝している。[60]

傍線部は、エビオン派の生活習慣がユダヤ主義であることを明言している。前半部に「主に関してはケリントス……とまったく同じことを説いている」とあるのは、直前のI巻二六章1節を受けている。そこには次のようにある。

(59) ヘブライ語の「エビョーニーム」(ebjônim)、すなわち「貧しい者たち」に由来する名称。ガラ二10によれば、前述の使徒会議で成り立った合意が「貧しい人たちのことを覚えておくように」と結ばれていることに要注意。この「貧しい人たち」はエルサレム教会のことを指す。
(60) エイレナイオス『異端反駁I』、大貫隆訳、教文館、二〇一七年、一〇八―一〇九頁。

〈また〉ケリントスという人物が小アジアで活動し、……（中略）……イエスについては乙女から生まれたのではないと唱えていた。〈それは彼には不可能と思われたからである〉。イエスはむしろヨセフとマリアの息子であって、その他のすべての人間たちと何ら異なるところはなかった。ただし、義しさと思慮深さ、そして理解力の点であらゆる者から際立っていた。[61]

エイレナイオスは、このほかに同じ『異端反駁』のⅢ巻二一章1節、Ⅳ巻三三章4節、Ⅴ巻一章3節でも、エビオン派がイエスは乙女マリアから生まれた「神の子」であることを否定し、普通の人間から生まれた人間にほかならなかったと信じている、と報告している。イエスが周囲の人間から際立っていたのは、あくまでもその思慮深さと理解力、何よりも「義しさ」においてであった。それは具体的には、割礼を含むユダヤ教の生活習慣を遵守したことを指している。しかし、念のために確認しておくが、その「義しさ」が他の人間にとって贖罪論的な意味を持っていたという報告は見当たらない。

### 3 ヒッポリュトス『全異端反駁』

ヒッポリュトス（後二三五年没）のこの著作は、Ⅶ巻三四章１－２節で、同じエビオン派について、次のように報告している。

[1]エビオン派の者たちは、たしかに、この世界が〔唯一の真の〕神によって造られたと告白している。しかし、キリストに関してはケリントスおよびカルポクラテスとまったく同じことを説いている。彼らは〈あらゆる点で〉ユダヤ人の慣例に従って生活しており、律法に準じて義とされるのだと主張し、イエスもまた律法を実行したから義とされたのだと言っている。[2]そのために、イエスは「キリスト」および神の〈子〉〔そしてイエス〕と呼ばれた。なぜなら、〈その他には〉誰も律法を全うした者がいないからだと言う。もし誰か他の者が律法で定められたことを実行していたとすれば、その者もまた「キリスト」であることになるだろう。彼ら自身も同じように〈律法を〉実行すれば、「キリスト」になることができる、と言うのである。なぜなら、イエスも〔他の〕すべての者と同じように人間に過ぎないのであるから。[62]

（61）エイレナイオス『異端反駁Ⅰ』、大貫隆訳、一〇八頁。
（62）ヒッポリュトス『全異端反駁』、大貫隆訳、教文館、二〇一八年、三三〇－三三一頁。

前半部（1節）はエイレナイオスに依拠している。逆に、エイレナイオスとの違いは、「割礼」について明示的な言及がないことである。しかし、「〈あらゆる点で〉ユダヤ人の慣例に従って」とある中に、割礼も当然含まれていると見るべきである。後半部（2節）では、エイレナイオスの報告と同じように、イエスが他のすべての人間と同じ人間であったことに何の違いもないと言われる。彼が「キリスト」および「神の子」と呼ばれたのは、ただ彼だけが律法を全うしたからであった。ということは、イエスはユダヤ人の生活習慣を全うした「義人」ではあっても、超越的な救済者でもなければ、他者の罪を贖う贖罪者でもないということである。そのことが、「もし誰か他の者が律法で定められたことを実行すれば、その者もまた（中略）『キリスト』になることができる」と断言される。この断言はヒッポリュトスに独自な報告として注目に値する。

## 4 エピファニオス『薬籠』

サラミスの司教エピファニオス（後四〇三年没）の『薬籠』[63]は、同時代までに存在したいわゆる「異端」について、入手可能な限りの情報を跋渉《ばっしょう》して抜書きし、それに中傷と反駁を加える著作である。したがって、もちろんエイレナイオスとヒッポリュトスにも依拠している。そのXXIX章が「ナゾラ派」、XXX章が「エビオン派」に関するものである。

ただし、この二つの分派についての論述には、少なからず重複があり、エピファニオスにどこまで区別がついていたのか、いささか怪しいところがある。まず居住地について、ナゾラ派は後七〇年のエルサレム陥落時に、ペレア（Peraea）地方のペラ（Pella）へ脱出した後、現在はコイレシリア地域のベロア（Beroea）とバシャニティス地方のコカベ（Cocabe /Khokhabe）に居住しているとされる（XXIX七7―8）。エビオン派はその途中でナゾラ派から派生したもので、現在の居住地もほぼ同じだと言われる（XXX二7）。

両派のイエス論、聖書論、生活習慣についての報告には、基本的にエイレナイオスとヒッポリュトスを超えるものはない。両派ともにマタイ福音書のみを用いているが、エビオン派は処女降誕物語を削除して洗礼者ヨハネの登場から始まる形に改竄し（XXX一三6、一四3）、[64]それを『ヘブル人

（63）あらゆる「異端説」を収集・抜粋して、それに感染しないための治療薬を提供するという自負を込めたもの。全三巻にわたって合計八〇の「異端」的分派を取り上げている。ギリシア語校訂版はEpiphanius, hrsg. v. K. Holl, Bd. 1: Ancoratus und Panarion Haer. 1-33, Leipzig 1915 (GCS 25). その特定の箇所を指示しようとすると、巻・章・節・個々の文の四段階での表記が必要になる。本書では、最近の英訳 F. Williams, The Panarion of Epiphanius of Salamis, Book I (sects 1-40), Leiden 1997 に準じて、章・節・個々の文の三段階の区分を採用している（巻頭の凡例を参照）。

による福音書』と呼んでいる（XXX三7、一三2他）。イエスはヨセフとマリアから生まれた普通の人間であることになる。

生活習慣の上では、両派ともに割礼（と安息日）を遵守している（XXIX七5、XXX二六1―三四3）。また、エビオン派の『ヘブル人による福音書』では、イエスが「わたしは犠牲（供犠）を廃棄させるために来たのだ。もし、あなたがたが犠牲をやめようとしないならば、（神の）怒りもあなたがたに対してやむことがないであろう」（XXX一六5）[65]と宣言していると言われる。この報告は、エイレナイオスとヒッポリュトスにはないもので、次項の『ペトロの宣教集』の報告と一致する。おそらくこの宣言は、現在の正典マタイ福音書九章13節と一二章7節で、イエスがホセア書六章6節を引用して、「わたしが求めるのは憐れみであって、いけにえではない」と宣言するのをもじったものであろう。[66]

## 5 『ペトロの宣教集』

この文書では、すでに述べたように、生前のイエスは神殿での動物の供犠と、その段取りを定める条項を中心とする「律法の誤謬の段落」を廃止するために到来したことが繰り返し強調される。そのうちで、最も重要な箇所をここで確認しておこう。

『ペトロの講話集』Ⅲ巻二六章1―6節[67]

[1] しかし人の子らのうちにある方（ὁ ἐν υἱοῖς ἀνθρώπων / ho en hyiois anthrôpôn）は、彼自身の魂のうちに本来的に存在している預言を持ち、男性的で明らかな形で、来るべき世の希望を

（64）ただし、XXIX九4によれば、ナゾラ派は原初の形のマタイ福音書をヘブライ語で使っていたと言う。しかし、そう報告するエピファニオスはイエスの系図における改竄を疑っている。
（65）『外典偽典6新約外典Ⅰ』（教文館、一九七六年）所収の『エビオン人福音書』（松永希久夫訳）では、断片F（五三頁）。なお、ここで言われる『エビオン人福音書』は実在の福音書の表題ではなく、研究上の造語であることに要注意。エビオン派自身が『ヘブル人による福音書』と呼んでいたのと同じものを指す。
（66）事実、『ペトロの講話集』Ⅲ五六4に、マタ九13からの直接引用がある。『ペトロの講話集』Ⅲ五六4は、『ペトロの宣教集』の前掲青野訳には、含まれていない。しかし、G. Strecker, Das Judenchristentum in den Pseudoklementinen, Berlin 1958,180 は、明瞭に『ペトロの宣教集』に算入している。青野訳のみならず、W. Schneemelcher (Hg.), Neutestamentliche Apokryphen II: Apostolisches, Apokalypsen und Verwandtes, 5. Aufl., Tübingen 1989, 439-488 に収録された J. Irmscher und G. Strecker によるドイツ語訳なども、『ペトロの宣教集』に属する箇所を網羅しているわけではなく、あくまで代表的な箇所を主題別に編集して提示している点に要注意。
（67）この箇所は明瞭に『ペトロの宣教集』の一部である。訳文は前掲青野訳一三九―一四〇頁による。

啓き示し、そこで彼の子をアベルと名付けた。（中略）[3] 彼は犠牲や血や神酒の注ぎを憎みます。彼は聖なる清らかな人たちを愛し、犠牲のための火を消します。（中略）[6] 永遠の懲罰の火のことをしばしば思い起こさせ、常に神の国を宣べ伝えます。また天にある富を指し示し、朽ちることのない栄光を約束し、行為による罪のゆるし（τῆς ἁμαρτίας ἄφεσιν / tês hamartias afesin）をあきらかに示すのです。

最初の傍線部「人の子らのうちにある方」とは、生前のイエスのことである。続いて、「魂のうちに本来的に存在している預言を持ち、男性的で明らかな形で、来るべき世の希望を啓き示し」は、そのイエスが（女性的ではなく）「男性的な」、すなわち「真の預言者」であったことを意味している。その使命はエルサレム神殿での供犠を廃止し、そのための「火」を消すこと、さらには、最後の審判を宣べ伝えること、その審判で「行為による罪のゆるし」を得た者には、「神の国」が「天にある富、朽ちることのない栄光」となることを約束することである。その約束は、イエス自身がそのために再び到来することを、言外に含んでいる。

そのことをより明瞭に語るのが、『ペトロの講話集』のラテン語訳に当たる『再会』I巻六九章3－4節である。この箇所は『ペトロの講話集』にはない『再会』の独自記事であるが、前掲の『講話集』の箇所との関連性は一目瞭然である。しかも、物語上の語り手は義人ヤコブであるから、われわれにとって重要な箇所である。[68]

**『再会』Ⅰ巻六九章3－4節**

彼（＝ヤコブ）は律法を最大の典拠としながら、キリストについて個々の点を論じた。そしてイエスがキリストであること、彼がまず卑しい姿で到来するという予言がすべての点で成就したことに、明解で十分な光を当ててみせた。というのも、彼の到来は二回起きることが予言されていたと言うのである。曰く、その一つは卑しい（humilitatis）姿での到来で、これはすでに成就している。もう一つは栄光（gloriae）に満ちた到来であるが、これはまだこれから成就すべきものである。その到来が起きる時には、彼は自分を信じる者たちに、また彼が命じたことをすべて守っている者たちに王国を与えるであろうと言う。（大貫私訳）

中略は大貫による。

（68）義人ヤコブがガマリエルと、イエスがキリストか否かをめぐって、旧約聖書に基づいて討論する場面。前掲青野訳の『ペトロの宣教集』には含まれていない。前掲のW. Schneemelcher (Hg.), Neutestamentliche Apokryphen II, 439-488 に収録されたドイツ語訳（433）でのG. Streckerは、『ペトロの宣教集』とは別の「ユダヤ人キリスト教に由来する第二の資料」へ帰している。

ここでは、明確にイエスの二度にわたる到来が語られている。一回目は「卑しい姿」ですでに起きた到来、二回目は「栄光に満ちた到来」で、まだこれから起きるとされる。二回目の「栄光に満ちた到来」は、先に掲出した『講話集』Ⅲ巻二六章6節に「朽ちることのない栄光を約束し」とあったことに対応している。文言から推して、背後にマルコ福音書八章38節の「人の子もまた、父の栄光に輝いて聖なる天使たちと共に来る」が前提されていると思われる。つまり、二回目の到来は、「人の子」イエスの再臨を指していると見て間違いない。事実、『講話集』も『再会』もキリスト論的尊称としての「人の子」を知っていたことは、それぞれ他の箇所から証明される。[69]

他方、『再会』の目下の箇所は一回目の到来（生前のイエス）を「卑しい姿で」と表現するが、『講話集』の前掲箇所は冒頭（Ⅲ二六1）で「人の子らのうちにある方（ὁ ἐν υἱοῖς ἀνθρώπων）と表現している。こちらは、一見するだけでは、何とも奇妙な文言である。同じ文言は他にⅡ巻一七章2節にも現れる。これは、私の判断では、周知のキリスト論的尊称である「人の子」を、意識的にもじったものに違いない。その言わんとするところは、一回目に到来した生前のイエスは、二回目（再臨）の「栄光」の姿とは対照的に、「卑しい」、即ち「普通の」人間たちの一人に過ぎなかったということである。その際、「卑しい姿」には、「受難の人の子」伝承が前提されているかも知れない。しかし、『講話集』と『再会』それぞれの全体にわたって、イエスの受難に特別な救済論的意味が込められた箇所は、私の踏査が及ぶかぎりでは、まったく見つからない。当然ながら、『ペトロの宣教集』にも同じことが言える。つまり、生前のイエスは、受難も含めて端的に人間にとどまりながら、「男性的（＝真の）預言者」として働いたのである。そしてその預言の中心は、供犠が廃止され、そのための「火」が消される、すなわち、神殿が破壊されるということであった。

もちろん、『ペトロの宣教集』の時点から見れば、エルサレム神殿はとうの昔（後七〇年）に倒壊していたのだから、生前のイエスによる供犠廃止の預言（予言）は、すでに成就していたわけである。それにもかかわらず、この文書がイエスのその預言（予言）を強調するのは、供犠否定の立場がすでに理念化していることを意味するものにほかならないだろう。レビ記一六章の供犠条項が「誤謬の段落」の一部として、モーセ律法から削除されるべきだとするのも[70]、同じように解釈することができる。

しかし、『ペトロの宣教集』の著者とそのグループにとっては、それでもって「人の子」イエスの再臨への待望は完結しなかった。むしろ、「誤謬の段落」を取り除かれた後の「真の」モーセ律法を規準にした最後の審判が、その再臨の時に待望され続けているのである。そこで初めて「救

(69)『ペトロの講話集』Ⅲ二二3、『再会』Ⅰ六〇3、Ⅲ六一2他参照。
(70)『ペトロの宣教集』、前掲青野訳、一四四―一四九頁参照。

われる者」と「滅ぼされる者」の運命が分けられる。両者を分ける規準はそれぞれの信仰者の生前の「行ない」である。前掲の『ペトロの講話集』Ⅲ巻二六章1－6節の最後に、「行為による罪のゆるし」とあるのは、この意味である。『ペトロの宣教集』の救済論は、イエスの受難を解釈する贖罪論ではなく、それぞれの「行ない」を強調する行為義認論なのである。

では、最後の審判で救われるために必要な「行ない」、つまり「善行」とは、具体的には何を指すのか。『ペトロの宣教集』で多くの紙幅を割いて強調されるのは、洗礼に関係するもろもろの規定、とりわけ、事前に妻と性交する場合のための清浄規定[71]である。その他、『ペトロの講話集』と『再会』も含めれば、朝夕ごとに繰り返される沐浴[72]や菜食主義[73]を示唆するような文言もある。他方、「割礼」については、明示的な言及があまり目に止まらないのが不思議である。しかし、『ペトロの宣教集』の場合は、それはあまりに自明な前提とされているのだと思われる。文書全体の前に置かれた『ヤコブへのペトロの手紙』の冒頭（一2）では、名目上の著者であるペトロが自分の著作を「異邦人のだれにも読ませ」ず、同胞でも「吟味された人にだけ」読ませるように求めており、『宣教集の受取人の誓約』の冒頭（一1）では、エルサレム教会の監督ヤコブがそれに答えて、「割礼の者で信仰深い者にのみ与える」ことを宣言しているからである。

最後に、この観点から『ペトロの講話集』Ⅺ巻一六章3－4節を『再会』Ⅴ巻三四章1－3節と比較すると、大変興味深いことが読み取られる。前者では、概略こう言われる。

真に敬虔な者は与えられている律法の規定を全うする。それは、生まれが異邦人でも律法を実行するなら、その人はユダヤ人であるのと同じである。なぜなら、ユダヤ人は神を信じて律法を実行し、その信仰によって、山のような情念の重荷を捨てるからである。律法を実行しない者は、明らかに神を信じていないのだから脱走兵である。そして非ユダヤ人として罪人である。（大貫私訳）

これを後者では、ラテン語訳者のルフィーヌスが次のように訳している。

（71）『ペトロの宣教集』、前掲青野訳、一五七―一六五頁参照。
（72）通常『ペトロの宣教集』には数えられない箇所であるが、『ペトロの講話集』Ｘ一１―２、XI一１―２、『再会』Ⅳ三１、Ⅷ一１で、ペトロは起床直後に浄めの沐浴を繰り返している。また、『講話集』Ⅷ二５とＸ二六２では、夕食と就寝前に随行者も含めて沐浴が行なわれている。
（73）『講話集』Ⅻ六４／『再会』Ⅶ六４には、ペトロの毎日の生活様式について、「食べるのはパンとオリーブ油だけで、時たまそれに野菜が付くだけ」とある。『ペトロの宣教集』の前に置かれた『宣教集の受取人の誓約』四３も参照。

なぜなら、われわれは、神の御心を実行し、律法の戒めを遵守する者をこそ、神を崇める者と言うべきだからである。神のもとでは、人間の間でユダヤ人と呼ばれる者がユダヤ人なのではない。また、異邦人と呼ばれる者が異邦人なのでもない。そうではなくて、神を信じて律法を満たし、神の御心を実行する者ならば、たとえ割礼を受けていなくても、真に神崇拝者なのである。そしてその者はただ単に自分がもろもろの情念から自由であるのみならず、他の者たちをも情念から解放するだろう。たとえそれらの情念が山のように重いものであろうとも。（大貫私訳）

一読するだけでは、二つの本文の違いはよく分からない。しかし、私見では、次のように敷衍することができる。前者では、「真に敬虔な者」とはユダヤ主義キリスト教徒のことである。『ペトロの宣教集』あるいは『ペトロの講話集』の著者とそのグループがそれに該当する。他方、「ユダヤ人」とは、「律法を実行する者」のことである。「真に敬虔な者」は律法を実行するのであるから、「ユダヤ人」であることになる。その際、「律法の実行」には、「割礼」が含まれることが当然の前提である。同時に、その「律法」とは、供犠条項を削除して浄化されたモーセ律法のことである。したがって、「真に敬虔な者」は通常の「ユダヤ人」を超える「超ユダヤ人」、あるいは「真のユダヤ人」と呼ばれて然るべきである。——もしこの読解が当たっていれば、ここに現れているのは、著者とそのグループが「ペトロ」を自分たちのユダヤ主義に引き寄せようという試みに他ならないであろう。

それに対して、後者では、「神を信じて律法を満たし、神の御心を実行する者ならば、たとえ割礼を受けていなくても、真に神崇拝者なのである」とある。傍線部は、前者が「律法の実行」とは、実は何よりも「割礼」を指すことを明言せず、当然の前提にしていたことをわざわざ顕在化させ、その上で否定しているのである。――もしこの読解が当たっていれば、ここに表明されているのは、ラテン語訳者ルフィーヌスが前者のユダヤ主義に加えている修正であろう。もちろん、それは「ペトロ」を少しでもローマ教会寄りに引き寄せようという修正である。

## 6 まとめ

以上五つの伝承すべてに共通する「定数」は何だろうか。答えは一目瞭然である。それは「律法（割礼）を全うする生活」である。それぞれのキーワードを再確認すれば、（1）「それぞれの生き様」（エウセビオス『教会史』Ⅲ二〇4）、（2）「割礼を行い、律法の定めとユダヤ教の生活習慣を遵守する」（エイレナイオス『異端反駁』Ⅰ二六2）、（3）「誰でも〈律法を〉実行すれば、『キリスト』になることができる」（ヒッポリュトス『全異端反駁』Ⅶ三四2）、（4）割礼と安息日を遵守する生活習慣（エピファニオス『薬籠』XXIX七5、XXX二六1－三四3）、（5）「行為による罪のゆるし」（『ペトロの宣教集』Ⅲ二六6）である。

その他の特徴は、すべてこの一点から説明がつく。——まず、**キリスト論**について言えば、生前のイエスは「律法を全うする生活」を生き抜いて際立った「義人」だった。それゆえに、「キリスト」とも「神の子」とも呼ばれたのであって、生まれつき超越的救済者だったわけではない。イエスはヨセフとマリアから生まれたごく普通の人間だった。だから、処女降誕物語は削除されて当然である。[74] ——**終末論**について言えば、イエスは死後復活を経て初めて超越的な「人の子」とされたのである。そして、間もなく最後の審判のために栄光のうちに再臨する。その審判では、死者と生者の別を問わず、各人が生前どこまで「律法を全う」したかによってのみ裁かれる。——**救済論**について言えば、各人の救い（贖い）は律法に適った善行によるのであり、神殿での動物の供犠は役に立たない。それゆえ、モーセ律法から供犠条項は削除されてしかるべきである。イエスの死にも贖罪の働きはない。そのため、Ｉコリント書一五章3b－5節の信仰告白定式に沿うような贖罪論は、五つの伝承のどこにも現れない。

私が見るところでは、ここには明らかに、きわめて完結した内的な連関性が認められる。そして、伝承に現れる個々の文言ではなく、その連関性そのものは、歴史上のヤコブにまで溯源するという仮説を立てることが許されるであろう。

それでは最後に、この仮説は前述の第Ⅰ章を含む本書のこれまでの論述全体と、歴史的にどう関連づけることができるだろうか。もちろん、仮説をさらに歴史的に位置づけようという以下の試みがあくまで推測であり、その全体がやはり仮説にとどまることは言うまでもない。

（1）ヤコブが神殿での贖罪の供犠を拒否したと推定すべき根拠については、すでに繰り返し述べたとおりである。ここでは、なお一点それに追加しておきたい。それは、ヤコブの供犠拒否が生前のイエス（史的イエス）と共通していることである。イエスが神殿での動物の供犠を痛烈に批判したことは、いわゆる神殿粛清の行動（マコ一一15－19並）、および、それと関連する神殿倒壊

（74）なお、念のために付言すれば、『ヤコブ原福音書』（八木誠一・伊吹雄訳、『聖書外典偽典6　新約外典Ⅰ』、教文館、一九七六年所収）は、処女降誕物語を超えてマリアを聖母とする崇拝の嚆矢である。その成立は早ければ後二世紀中葉にまでさかのぼるとされる。しかし、思想史的な背景は恐らくシリアのヘレニズム・キリスト教であり、パレスチナのユダヤ主義キリスト教とは無縁である。ただし、そうであればこそ、ではなぜ「主の兄弟」（異母兄）ヤコブを名目上の著者として立てるのか（二五1参照）が問題となる。私のまったくの推測だが、『ヤコブ原福音書』の最終編集者は、「主の兄弟」ヤコブの系譜のユダヤ主義キリスト教が処女降誕説を拒んでいることを承知の上で、敢えてその頭領ヤコブをマリアの聖母性の証言者に仕立てているのではないか。『ヤコブ原福音書』のマリア観・女性観については、川越菜都美「『ヤコブ原福音書』のマリア観・女性観」、『立教大学ジェンダー・フォーラム年報』二〇号（二〇一八年）、六三－七六頁に周到な論考がある。

の予言（マコ一四58「この男が、『わたしは人間の手で造ったこの神殿を打ち倒し、三日あれば、手で造らない別の神殿を建ててみせる』と言うのを、わたしたちは聞きました。」）、さらにはマタイ福音書九章13節（「『わたしが求めるのは憐れみであって、いけにえではない』とはどういう意味か、行って学びなさい。わたしが来たのは、正しい人を招くためではなく、罪人を招くためである。」）、一二章7節の発言（本書九六頁参照）に照らして確実である。イエスの実弟であるヤコブが実兄のこの過激な言動を承知していなかったとは、常識的に見て、とても考えられない。ヤコブはそのことを聞き及んでいたに違いない。

ただし、実兄イエスの供犠批判は、弟ヤコブの供犠拒否と形としては同じであるものの、内的動機まで同じであったか否かについては疑問が残る。かたやイエスの言動は、彼の「神の国」の宣教と関連していた。さらにその背後には、同時代のユダヤ教の中に存在した黙示思想（「上昇の黙示録」）のイメージ世界があった。[75] それに対して、ヤコブの供犠拒否は、われわれの仮説では、「超ナジル人」であった経歴から始まるもので（前出Ⅱ一、本書七五―七六頁参照）、思想的には、黙示思想よりもフィロンが伝えるテラペウタイ派やヨセフスが伝えるエッセネ派の供犠批判に近いものであったかも知れない。[76]

（2）ヤコブが共観福音書の受難物語伝承の発展史（本書Ⅰ節一―二項参照）のどの段階でエルサレム原始教会に加わったのかは、はっきりとは分からない。しかし、ヤコブはイエスの実弟として、実兄イエスが自分と同じ両親ヨセフとマリアから普通の人間として生まれたことを、誰よりもよく知っていたはずである。その点からすれば、最古の受難伝承がイエスを理由なき死を余儀なくされた「苦難の義人」として描いていたことには、躊躇なく同意しただろう。すでに述べたように、そこでの「苦難の義人」イエスはあくまで人間であり、その死に未だ救済論的意味は付与されていなかったからである。

（3）ヤコブは、原始エルサレム教会の「人の子」イエスの再臨待望にも共感できたはずである。なぜなら、「人の子」イエスが行う最後の審判は、人間の救い（贖い）を生前の律法遵守の善行に依存させるヤコブの救済論（行為義認論）に適合したはずだからである。ひょっとすると、これこそがヤコブが原始エルサレム教会に加わった積極的理由かも知れない。いずれにせよ、ヤコブは殉教による最期まで、「人の子」イエスの再臨待望を堅持した。その最期（後六二年）までには、いわゆる語録資料Qが成立していたはずである。[77] そのQ資料も、すでに触れたように、復活信仰成立後のものであるにもかかわらず、イエスの受難と復活に対する救済論的・贖罪論的意味づけを受容せず、むしろ受難伝承の最古層の立場に固着している。ヤコブもこの点で同じであった。両

---

（75）この点についてさらに詳しくは、前掲拙著『終末論の系譜』、四三－一一一、一三四－一七九頁を参照。
（76）フィロン『すべての善人は自由である』（自由論）§七五、ヨセフス『ユダヤ古代誌』XVIII §一九参照。
（77）この資料が最終的にいつごろ編纂されたかについては、研究上諸説がある。前掲拙著『イエスという経験』一七頁（岩波現代文庫版、二〇頁）は後四〇－五〇年代としている。

者の間のこの並行関係には、興味深いものがある。[78]

（4）ヤコブが共観福音書の受難物語のどの範囲を承知していたかは、厳密には分からない。しかし、最古の受難物語の「苦難の義人」から救済論的・贖罪論的解釈への展開の趨勢と、それがⅠコリント書一五章3b－5節のエルサレム教会の信仰告白文に包括的に定式化されるまでの経過については、これを承知していたはずである。遅くとも、それが一五章6－7節で二次的に拡大され、7節に自分の名前が顕現経験者として「追加」された時点では、Ⅰコリント書一五章3b－7節全体の文面に承諾を与えたはずである。ただし、その際、この告白定式に盛られた救済論的・贖罪論的解釈に、ヤコブが内的にどこまで納得していたかはいささか疑わしい。

（5）ヤコブがこの告白定式とは独立して、われわれの呼び方で言う「供犠的贖罪論」（本書四一頁参照）――レビ記一六章11－15節に基づいて、「いけにえ」としてのイエスの「血」を強調するロマ書三章25節型の贖罪論――を、どこまで承知していたかも分からない。しかし、もし仮に独立に承知していたとしても、彼の供犠拒否と行為義認論からすれば、それには同意しかねたのではないかと推測される。

以上を総合すると、ペトロの主導下でイエスの死に対する救済論的・贖罪論的意味づけが進展した時点（本書Ⅰ三参照）、したがって、Ⅰコリント書一五章3b－5節が定式化されて行った時点が、ペトロとヤコブの間の救済論上の違いが顕在化し始めた分岐点だったのではないかと推測される。

（78）もっとも、厳密に言えば、受難のイエスを「苦難の義人」とする受難伝承の最古層の見方は、Q資料には認められない。ただし、M. Sato, Q und Prophetie. Studien zur Gattungs- und Traditionsgeschichte der Quelle Q, Tübingen 1988 によれば、この資料は生前のイエスを旧約聖書の預言者の類型で理解している（Kap.5 参照）。その際、われわれの視点から見て重要なのは、預言者もあくまで人間であり、救済者ではないことである。さらに Sato（佐藤研）によれば、Q資料を生み出して伝えたグループにとっては、その預言者イエスは死からの復活以降初めて、やがて最後の審判のために到来する「人の子」に任命された（396-399）。しかし、その任命は同時に生前の預言者イエスの「神の国」の宣教に対する神の是認を意味した（405, 407）。今やQグループは生前の預言者イエスの弟子として、師イエスに「乗りうつられ」、かつてのイエスの言葉を再話すると同時に、新たなイエスの言葉も生み出して行った（412）と言う。すなわち私見では、イエスを師として彼に倣う者もイエスと同じものになるわけである。ここには、すでに引照したヒッポリュトス『全異端反駁』Ⅶ三四2が報告するエビオン派の救済論——モーセ律法を行う者は（誰でも）キリストになれる——に通じるものがある。

# III　原始教団のエルサレム脱出とその後のユダヤ主義キリスト教の展開

ベロア(アレッポ)
レバノン
シドン
ダマスコ
ティルス
カナ
地中海
ガリラヤ
ガウラニティス
シリア
トラコニティス
コカバ
ガリラヤ湖
ナザレ
バサニタス
(バタネア)
バテュラ
ハウラニティス
カイサリア
ペラ
サマリア
ヨルダン川
デカポリス
イスラエル
ペレア
ヨルダン
ユダヤ
エリコ
エリヤの丘
エルサレム
ベタニア
死海
イドマヤ
0 10 20 30 40 50
(km)

## 一　原始エルサレム教会のペラへの脱出[79]

原始エルサレム教会は、ユダヤ戦争でのローマ軍のエルサレム攻撃の開始直前に、ヨルダン東岸の街ペラ（Pella）へ脱出した。このことを伝えるのは、エウセビオス、エピファニオス、および『偽クレメンス文書』である。まず、それぞれの該当箇所を掲出する。なお、後続の分析での便宜のために通し番号を付す。

**(1) エウセビオス『教会史』Ⅲ巻五章2－3節**

[2]……さらに、わたしたちの救い主が天に上げられた後にエルサレムの初代監督の座に着いたヤコブが、前述の方法で殺され[80]、他の使徒たちも、死に至るほどの無数の陰謀を仕かけられてユダヤの地を追われた。彼らは、「行ってすべての民族をわたしの名によって弟子に

(79) この節と次節の論述は、拙著『イエスの「神の国」のイメージ』教文館、二〇二一年、一五七－一六八頁とほぼ同じものである。
(80) すでに前出第Ⅱ章一節で触れたエウセビオス『教会史』Ⅱ二三4－18参照。エレサレム神殿の城壁から突き落として殺害。

せよ」（マタ二八19）と言われた主の権能を帯び、すべての民族のところへ行って使信を教えた。[3]それはかりではなく、エルサレムの教会の人々は、〔ローマとの〕戦争前に、啓示を介してその地の敬虔な人々にあたえられたある託宣によって、都を離れペレアのペラという町に住むように命じられた。そこで、キリストを信じる人々はエレサレムからそこへ移り住んだが、[81]そのために、ユダヤ人の第一の首都とユダヤの全地は、聖なる人々から完全に見捨てられる形になった。〔そして〕遂に、キリストや使徒たちへのこの悪質な犯罪のために、神の審判が臨み、不敬虔な者の世代を人びとの間から完全に断ったのである。（秦剛平訳）

**(2) エピファニオス『薬籠』XXIX章（ナゾラ派反駁）七節7**

今日では、ナゾラ派はコイレ・シリア地方の近くのベロア（Beroea）と、デカポリス地方のペラ（Pella）付近、バサニタス地方のコカベ（Khokhabe）と呼ばれる場所に見られる。というのは、この派のすべての者たちがエルサレムから退去してペラに移住して以来、ここがこの派の発祥の地だったからである。すなわち、まもなくエルサレムが包囲されるので、そこから退去するようにと、キリストが命じたのである。そのために彼らは、前述したとおり、ペレア地方に移住し、そこに暮らすようになった。これがナゾラ派の始まった場所である。（大貫私訳）

最後に、『ペトロの宣教集』[82]であるが、目下の論点にとって重要なのは、ペトロが宣教の途次、各滞在地でくり広げる講話の内容である。この文書の既存の翻訳の多くは、現存する『ペトロの講話集』から仮説的に抽出した断章を、ペトロの宣教の旅の時系列に沿って配置するところまでの再構成は断念し、内容を基準に次の五グループに分類するだけにとどめている。「真の預言者について」、「女性的預言について」、「律法と律法における誤謬の段落について」、「反パウロ的論争」、「洗礼についての教え」。これらの見出しが端的に示しているとおり、その内容は明瞭にユダヤ主義的なのである。ペトロの講話の中で注目に値する箇所を、『ペトロの講話集』のラテン語訳の『再会』も考慮に入れながら、順に一瞥してみよう。[83]

(81) 本書第II章一節で触れた義人ヤコブの最期に関するヘゲシッポスの報告の結び（エウセビオス『教会史』II二三18）とそれに続くエウセビオスの地の文（II二三19）のどちらにおいても、ヤコブの殉教の直後にウェスパシアヌスのエルサレム攻めが始まったことになっている。しかし、歴史的には、ヤコブの殉教は後六二年（ヨセフス『ユダヤ古代誌』XX§一九七－二〇三による）、エルサレム攻めの開始は後六六年であるから、ペラへの脱出はその間の出来事である。

(82) この文書全般については、すでに本書のII章一節（本書八〇頁）で必要最小限のことを説明済みである。

(83) 以下に挙げる三箇所は『ペトロの宣教集』の既存のどの翻訳にも収録されていない。しかし、(3)

(3)『再会』I巻三九章1－3節

[1] さて、われわれが述べたところではモーセの説に未決のまま残されていたことが成就し始め、予言されていた預言者（イエス）が現れた。彼はまずはじめに、神の憐れみに従って動物の供犠を止めるように人々に警告した。[2] そして、もし供犠を止めたら自分たちの罪の赦しの手立てがなくなってしまうという恐れを人々に抱かせないように、水の洗礼を制定した。その洗礼では、人々は彼の名前を唱えることで、あらゆる罪から解き放たれ、それ以後も完全なる不死の生活を続けるのである。供犠の動物の血ではなく、神の知恵（sapientia dei）の清めによって洗われるからである。[3] そして遂にその知恵の大いなる神秘を示す明らかな徴（hoc ... evidens magni mysterii huius indicium）が与えられた。その徴とは、すなわち、モーセによって予言されていたこの預言者を信じて、その名による洗礼を受けた者はすべて、不信仰な民に差し迫っていた戦争による破壊とこの場所から無傷のまま救われたが、信じなかった者たちはこの場所と王国から追い出されることになり、嫌々ながらも納得して神の意志に従ったことである。（大貫私訳）

(4)『再会』I巻三九章3節（シリア語訳）[84]

その結果、神に喜ばれる者たちは、言葉では表せない神の知恵によって戦争から救われた。差し迫ったその戦争は、信じない者たちに滅びをもたらそうとしていたのである。彼らは、自ら進んでではなく（自分たちの）土地から追い出され、他所へ移されてはじめて、嫌々ながら神の御心を思い知らされることになった。

**(5)『再会』Ⅰ巻三七章（シリア語訳）**[85]

彼らにこのことを宣べ伝えるために、その預言者が遣わされた。そして彼のことを神の知恵だと信じた者たちは、その地方の安全な場所へと導かれ、戦争の間中そこで守られて救わ

---

と(5)は供犠批判という内容において、青野太潮訳『ペテロの宣教集』の一四〇頁（『講話集』Ⅲ二六3）、一四二頁（同Ⅲ二四1）、一四九頁（同Ⅱ四四2）、一五七頁以下の「洗礼についての教え」と全く変わらないから、『ペテロの宣教集』と同等に扱われてしかるべきである。(4)は(5)と同等に扱う。

（84）この箇所については、シリア語訳が残っている。H. -J. Schoeps, Theologie und Geschichte des Judenchristentums, Tübingen 1949, 47頁、注1にW. Frankenbergによるギリシア語への逆訳が掲出されている。以下はそれに基づく私訳である。

（85）前注と同じ事情。Schoeps前掲書、47、注2参照。

れた。しかし信じなかった者たちにとっては、切迫していたその戦争が滅びとなった。しかしこの戦争は予測もなしに差し迫っていたわけではなかった。そうではなくて、その預言者が供犠を廃止するために到来するよりも前から、神の熱心を通して、何度も彼らを襲っていたのである。

以上のうち、(1)と(2)は後代の教会史家による歴史的報告であるが、(3)〜(5)は『ペテロの宣教集』に体現される後二世紀のユダヤ主義キリスト教の内側からの報告である。興味深いのは、内側と外側の違いを超えて、どちら側も、ペラへの脱出に先立って原始エルサレム教団に前もって神的な命令が与えられたとしている点である。それは(1)のエウセビオスでは「啓示」あるいは「託宣」(3節)、(2)のエピファニオスでは「キリストの命令」、(3)〜(5)では「神の知恵」と表現されている。これは歴史的に何を指すのか。彼らに脱出を根拠づけた「啓示」あるいは「託宣」は、その脱出に先立って早くから知られていたイエスの言葉であったに違いない。生前のイエスが事実口にしたと思われる神殿倒壊予言(マコ一四58)こそそれであったに違いない。これが今回私が試みたい二つ目の仮説(一つ目の仮説は八〇頁参照)である。

## 二　神殿倒壊予言の二度目の再活性化

われわれはすでに、イエスの神殿倒壊予言がすでに一度、ステファノの殉教事件（後三二年頃）に先立って、再活性化された事実を確かめた（本書Ⅰ二参照）。その時点では、まだペトロが原始エルサレム教会の指導権を掌握していた。彼が再活性化された神殿倒壊予言にどう関わったかは分からない。いずれにしても、ペトロを中心とする主流派はユダヤ教からの迫害を免れて、エルサレムに残留した。その後、イエスの弟ヤコブに実権が移動したのは、後四五年頃のことと推定される。そのヤコブと彼の仲間は神殿供犠を拒んで参加していなかった。このわれわれの想定を**仮説1**（本書八〇頁参照）と呼ぶことにする。

今回の**仮説2**は、同じイエスの神殿倒壊予言が二度目の活性化を経験し、原始エルサレム教会のペラへの脱出を動機づけたと言うに等しい。ただし、その論証は、一方では**仮説1**からの延長、他方では後の二世紀のユダヤ主義キリスト教史料からの逆向きの推論にもとづくほかはない。この仮説性を断った上で、今回の二度目の活性化には、最初の活性化とくらべて、連続性と差異（ズレ）の両方が認められる。

まず連続性であるが、今回の再活性化でも、神殿倒壊は最初の場合と同じように、「人の子」の再臨で実現すると考えられた。この点はほぼ確実である。この見方は二世紀のユダヤ主義キリスト教にも伝わっている。ただしそこでは、神殿倒壊は「供犠の廃止」、「犠牲の火を消す」と表現し直されることに注意が必要である。この二つは互いに同義なのである。さらに、それを間もなく実現する「再臨の人の子」イエス（未来）は、同時に、それを「予言」するためにすでに来臨した「真の預言者」（過去）[86]ともみなされる。その「真の預言者」イエスも「人の子」と表記される。ただし、その際、独特な文言上のズレも認められる。二世紀のユダヤ主義キリスト教の史料の側でその論拠となる箇所は、次のとおりである（後述の便宜のため、前節からの通し番号を継続する）。

**(6) エピファニオス『薬籠』XXX章一六節4－5**[87]

彼ら（＝エビオン派）の間では、「ヘブル人による」と呼ばれる福音書が伝えているごとく、（イエスが）やって来て次のように宣言したとする。「わたしは犠牲を廃棄させるために来たのだ。[88]もし、あなたがたが犠牲をやめようとしないならば、（神の）怒りもあなたがたに対してやむことがないだろう」。

**(7)『ペトロの講話集』Ⅲ巻二六章1－6節**[89]

1 しかし人の子らのうちにある方（ὁ ἐν υἱοῖς ἀνθρώπων / ho en hyiois anthrôpôn）は、彼自身の魂のうちに本来的に存在している預言を持ち、男性的で明らかな形で、来るべき世の希望を啓き示し、（中略）3 彼は犠牲や血や神酒の注ぎを憎みます。彼は聖なる清らかな人たちを愛し、犠牲のための火を消します。（中略）6 永遠の懲罰の火のことをしばしば思い起こさせ、常に神の国を宣べ伝えます。また天にある富を指し示し、朽ちることのない栄光を約束し、行為による罪のゆるしをあきらかに示すのです。

**(8)『再会』Ⅰ巻六九章3－4節**[90]

彼（＝ヤコブ）は律法をもっとも多くの典拠としながら、キリストについて個々の点を論じた。そしてイエスがキリストであること、彼がまず卑しい姿で到来するという予言のすべての点が成就したことに、明解かつ十分な光を当ててみせた。というのも、彼の到来は二つ

---

（86）イエスをすでに来臨した「真の預言者」と表現することは、すでに引照した(3)『再会』Ⅰ三九1－3と(5)『再会』Ⅰ三七（シリア語訳）でも起きている。
（87）『聖書外典偽典6 新約外典Ⅰ』（教文館、一九七六年）所収の『エビオン人福音書』断片F（松永希久夫訳）と同じ。
（88）マタ五17を逆転させたもの。
（89）この段落は『ペトロの宣教集』の一部である。訳文は前掲青野訳一三九－一四〇頁による。ただし、中略は大貫による。
（90）義人ヤコブがガマリエルと、イエスがキリストか否かをめぐって旧約聖書に基づいて討論する場面。

起きることが予言されていたと言うのである。曰く、その一つは卑しい（humilitatis）姿での到来で、それを彼はすでに成就している。もう一つは栄光（gloriae）に満ちた到来であるが、これはまだこれから成就すべきものである。その到来が起きる時には、彼は自分を信じる者たちに、また彼が命じたことをすべて守っている者たちに王国を与えるであろう。（大貫私訳）

(6)と(7)では、一方で生前のイエスの到来は供犠を廃止し、そのための「火」を消すためであったこと、他方でそのイエスはやがて再びやってきて最後の審判で神の怒りを表すこと、つまり、過去と未来の二つの到来が語られる。(8)はその「二つの到来」を明言している。

たしかに、いずれの箇所にも「人の子」の称号は明瞭な形では現れない。しかし実質的に「人の子」イエスを指している。それは特に(8)が二回目の到来を「栄光（gloriae）に満ちた到来」と表現する場合に当てはまる。ここでは明らかに、一世紀のパレスチナの原始教会以来の「再臨の人の子」が考えられている。この点はすでに述べたとおりである（本書一〇〇頁参照）。他の箇所でも、やがて審判のために到来すると言われるのは「人の子」を指していると見て間違いない。

事実、『ペトロの講話集』はⅢ巻二二章3節[91]で「人の子」（υἱὸς ἀνθρώπου / hyios anthrôpou）という表現を使っている。たしかに、ここでは他の「人の子」の使用例で普通の定冠詞つきの形（ὁ υἱὸς τοῦ ἀνθρώπου / ho hyios tou anthrôpou）とは異なり、無冠詞である。しかし、同じ無冠詞の用例は新約聖書中のヨハネ黙示録一章13節、一四章14節にもあるから、[92] 特段異とするに足りない。また、『再会』も、Ⅰ巻六〇章3節とⅢ巻六一章2節で、「人の子」のラテン語の等価語 filius hominis を使っている。

ただし、(7)の「人の子らのうちにある方」(ὁ ἐν υἱοῖς ἀνθρώπων/ ho en hyiois anthrôpôn)には要注意である。まったく同じ文言は同じ『講話集』Ⅱ巻一七章2節[93]にも現れる。この独特な言い回しには、すでに「ヤコブの救済論」を論じた際の最後の段落(本書Ⅱ二5)で詳論したとおり、『ペトロの宣教集』(あるいは『ペトロの講話集』)の著者と読者たちが自分たちのユダヤ主義キリスト教のキリスト論の視点からおこなった独特な「もじり」が込められている。すなわち、彼らは伝統的な「人の子」という称号をもちろん承知していたが、それを「人の子らのうちにある方」と「もじる」ことによって、生前のイエスが「真の預言者」(=「男性的預言者」)ではあったが、超越的な救済者ではなく、端的に人間にすぎなかったこと、つまりあまたの普通の人間の one of them にすぎなかったこと言い表しているのであった。[94] 受難も含めて生前のイエスは端的に人間にとど

(91) 前掲青野訳『ペテロの宣教集』一四一頁は、この直前のⅡ二二2で中断。
(92) ともにギリシア語訳旧約聖書のダニ七13に準じている。
(93) 前掲青野訳『ペテロの宣教集』では一五一頁。
(94) この点については、エイレナイオス『異端反駁』Ⅰ二六1―2(本書Ⅱ二2に前出)とヒッポリュ

まりながら、「真の預言者」として働いたのである。[95] そしてその預言の中心にあったのが、供犠が廃止され、そのための「火」が消される、すなわち、神殿が破壊されるということであった。

ユダヤ戦争が迫る中で、ペラへの脱出の当事者たちは、ここに挙げた後二世紀の史料が「供犠とその火の廃止」の予言と呼んだものと実質的に同じ予言を、かつてのイエスの神殿倒壊予言（その後はマコ一四58に保存）の中に認めたわけである。それはイエスのその発言がステファノ殉教事件に続いて経験した二度目の活性化であった。これが本書の提起する仮説2である。彼らにとって、差し迫っている神殿陥落はそのまま「人の子」の再臨が実現する時であったに違いない。[96]

繰り返しになるが、後二世紀のユダヤ主義キリスト教の史料の時点から見れば、すでにエルサレム神殿の倒壊によって供犠は廃止されていたのであるから、生前のイエスによって繰り返されたという供犠廃止の予言はすでに成就していたわけである。[97] しかし、これらの史料を生み出した者たちにとっては、それでもって「人の子」イエスの再臨への待望は終結しなかった。供犠条項という「誤謬の段落」から粛清された「真の」モーセ律法を規準にした最後の審判がその再臨の時に待望され続けたのである。

## 三　その後の影響史・ユダヤ主義キリスト教の諸分派

本章の第一―二節では原始エルサレム教会がローマ軍によるエルサレム攻めの開始前にヨルダン東岸のペラ（Pella）に向かって脱出した経緯を確かめた。その際、生前のイエスによる神殿倒壊予言（マコ一四58）が再び活性化され、「人の子」イエスの再臨によってそれが間もなく実現すると待望された。その神殿倒壊は「供犠」の廃止と同義であったと思われる。

トス『全異端反駁』Ⅶ三四1―2（本書Ⅱ二3に前出）にあるエビオン派ついての報告を参照のこと。どちらにおいても、エビオン派にとって「イエスはその他のすべての人間たちと何ら異なるところはなかった」と言われている。

（95）C. Colpe, ὁ υἱὸς τοῦ ἀνθρώπου, ThWNT VIII, 478も、『講話集』における ὁ ἐν υἱοῖς ἀνθρώπων, υἱὸς ἀνθρώπου, および『再会』における filius hominis の用例と意味について、同じことを指摘している。

（96）ちなみに、エルサレム陥落の直前に神殿倒壊予言が民衆の間でどれほどのアクチュアリティーを持っていたかについては、「（アナニアスの子）イエス」の神殿倒壊予言という類例がある（ヨセフス『ユダヤ戦記』Ⅵ§三〇〇―三〇九）。

（97）そのため、該当する史料のいくつかの箇所は、すでに生前のイエスの到来が供犠を「廃止した」と過去形で語ることがある。例えば、『ペトロの宣教集』Ⅲ五二1（青野訳一四七頁）には、「犠牲は……過ぎ去ってしまったのです」とある。注意が必要なのは、これが『ペテロの宣教集』の物語の主人公ペトロの講話の一部であることである。史料の著者自身の「今」が物語の「今」と重なっているのである。

この節では、脱出後の原始エルサレム教会の伝統を引くユダヤ主義キリスト教が具体的にはどのような分派として存続していったかを、後代の教父たちの証言をもとに確かめてみたい。すでにヤコブの救済論を確認した際（本書Ⅱ二）に引照した証言と一部重複するが、今回のポイントは該当する分派それぞれの名称、居住地、救済論（贖罪論？）、さらに分派同士の間にどのような系譜関係が認められるか、つまり影響史である。

## 1　ナゾラ派（Ναζωραῖοι / Nazoreans）

この分派についての教父の証言は複数あるが、ここでは先ずエピファニオス（キプロスのサラミス司教、後四〇三年没）が主著『薬籠』のXXIX章で行っている「ナゾラ派」の報告と論駁の一節（七7）を紹介する。

今日では、ナゾラ派はコイレ・シリア地方の近くのベロア（Beroea）と、デカポリス地方のペラ（Pella）付近、バサニタス地方のコカベ（Khokhabe）と呼ばれる場所に見られる。というのは、この派のすべての者たちがエルサレムから退去してペラに移住して以来、ここがこの派の発祥の地だったからである。すなわち、まもなくエルサレムが包囲されるので、そこから退去するようにと、キリストが命じたのである。そのために彼らは、前述したとおり、ペレア地方に移住し、そこに暮らすようになった。これがナゾラ派の始まった場所である。（大貫私訳）

これは、すでに一度言及した箇所である（本書Ⅱ二4参照）。エピファニオスは、原始エルサレム教会がエルサレム脱出後に落ち着いた町ペラで生まれた「ナゾラ派」がユダヤ主義キリスト教の最初の分派であったと見做している。同時に、このエピファニオス自身の時代には、「ナゾラ派」の居住地はペラを超えて、北方に向かって拡大していたことが明らかである。バサニタス地方とは、古代イスラエル時代のバシャン地方、新約時代のバタネア地方のことで、コカベ(Khokhabe/Cocabe)は、東のハウラニティス地方と西のガリラヤ湖のほぼ中間に位置する集落である。コイレ・シリアはさらに遥か北方でのチグリス・ユーフラテス河の上流地方にあたる（本書一一四頁の地図参照）。

歴史的には難しい問題は、なぜ最初にヨルダン川東岸に落ち延びたユダヤ主義キリスト教の分派が「ナゾラ派」と呼ばれたのかである。エピファニオスが使っているギリシア語は「ナゾーライオイ Ναζωραίοι」で、その単数形「ナゾーライオス Ναζωραῖος」は四つの正典福音書がイエスの生地ナザレの形容詞形と見做して用いており、邦訳でも「ナザレの」と訳されている。しかし、言語学的には、地名ナザレ（Ναζαρέτ /Nazaret, Ναζαρέθ/Nazareth）の形容詞形はΝαζαρηνόςであって、Ναζωραῖοςとはならないというのが定説である。[98] 加えて、歴史上のイエスが登場する前後にヨルダン川の流域で独特な洗礼（沐浴）運動を展開していたと想定されるマンダ教団[99]が自分たちのことを（ギリシア語表記に直すと同じ）「ナゾーライオイ Ναζωραῖοι」と呼んでいたのである。両者に（ギリシア語表記では）同じ呼称が共通することは、単なる偶然なのか、それとも何らかの歴史的関連があるのか。この問題は、場所を改めて考えてみたい（本書後出Ⅳ三参照）。

いずれにせよ、エピファニオス自身は、正典福音書記者たちと同じで、Ναζωραῖοςを地名ナザレの形容詞形として用いているから、目下の段落での「ナゾラ派」も、「ナザレのイエスの信奉者たち」、つまりユダヤ主義キリスト教徒一般のことを言わば「ナザレ派」と呼んでいるのである。そのことは『薬籠』XXIX章五節6の文章から明らかになる。

> 彼らはイエスの名前を耳にし、使徒たちが奇跡を行っているのを目にしたとき、進んでイエスを信じる者となった。しかし、彼らはイエスがナザレの生まれでヨセフの家で育ったこと、そのため福音書では「ナゾラ人（Ναζωραῖος）イエス」と呼ばれていることを知った。それ以来、彼らはこちらの呼び方を採用した。そして彼ら自身も「ナゾラ派」（Ναζωραῖοι）と呼ばれるようになった。

しかし、われわれにとっては、呼称の由来よりも、「ナゾラ派」の生活様式の方が重要である。エピファニオスの報告によると、彼らはユダヤ教とは区別されるキリスト教徒の集団でありながら、モーセ律法（特に割礼と安息日）を遵守する者たちであり（XXIX七5）、福音書ではマタイだけをヘブル語の〈原本〉で使用している（XXIX九4）と言う。ただし、この後に挙げる他の分派のように、独特な清めの沐浴儀礼を行っていたかどうかについては、残念ながら何も言及がない。したがって、入信儀礼としての洗礼が一回限りのものとして、その沐浴儀礼と区別されていたのかどうかも判然としない。

---

(98) そのため、邦訳では岩波版の新約聖書（合本版、二〇〇四年）がΝαζωραίοςを「ナゾラの〈イエス〉」と訳し分けている。

(99) この教団は現存している。ただし、教団の歴史の早い段階で、ヨルダン川流域を脱出し、長い年月をかけてチグリス・ユーフラテスの下流域にまで移住し、そこに定着していた。しかし、二〇〇三年のいわゆる湾岸戦争の戦火を逃れて、一部は難民化し、現在はオーストラリア、アメリカ、カナダなどに移住している。詳しいことはウィキペディアなどで容易に検索できる。

## 2 エビオン派（Ἐβιωναῖοι / Ebionites）

エピファニオス『薬籠』XXX章がこの派についての報告である。前述したように（本書Ⅱ二4）、「ナゾラ派」についての論述との重複が多く、どこまで区別がついていたのか、いささか怪しいところがあるが、「ナゾラ派」がペラに居住した後、現在の居住地へ広がる途中でナゾラ派から派生したのが「エビオン派」だと言う。そのエピファニオスの基本的情報源はエイレナイオス（二世紀後半、リヨンの司教）の『異端反駁』（Ⅰ二六2）とヒッポリュトス（二三五年没）の『全異端反駁』（Ⅶ三四1－2）である。

ただし、エピファニオスは「エビオン派」の名称をもともと原始エルサレム教団の中にいた「貧しい者たち」（ガラ二10参照）を意味するヘブル語から（前出注59参照）ではなく、「創始者エビオン」という個人から導出している。その「エビオン」はもともとナゾラ派（『薬籠』XXX二1）の一員であり、エビオン派の現在の居住地も、マタイ福音書のみを用いる点も、ナゾラ派と同じだと言う（XXX二7－8）。ただし、マタイ福音書から処女降誕物語を削除して、洗礼者ヨハネの登場から始まる形に改竄し（XXX一三6、一四3）、それを『ヘブル人による福音書』と呼んでいると記している（XXX三7、一三2他）。

さらに生活習慣の上では、両派ともに割礼と安息日を遵守（XXX二2、二六1－三四3）し、エルサレム神殿での供犠も拒絶（XXX一六5）している、つまり、ユダヤ主義キリスト教の立場だとしている。特に注目に値するのは、入信儀礼としての洗礼とは明瞭に異なって毎日繰り返される「清めの沐浴」儀礼である。その手順も定められていて、着衣のままで浸水し、八項（天、地、塩、水、風、義の天使、パン、油）の呼びかけからなる祈祷の式文を唱えると言われる（XXX二5、一七4）。

## 3　エールケサイ派（᾿Ηλξαι? または ᾿Ηλχασαι?/᾿Ελκεσαίοι）

エピファニオスは、前述の「ナゾラ派」（XXIX章）および「エビオン派」（XXX章）のほかに、「エールクサイ」という人物とその集団「エールケサイ派」がトラヤヌス帝の治下（在位九八－一一七年）に存在したことについても報告している（XIX一4、五4、XXX三2参照）。それによれば、エールケサイ派にも独特な祈祷の式文を伴う沐浴儀礼があり、前述のエビオン派の「清めの沐浴」とその式文はエールケサイ派からもらったものだと言う。その際、エピファニオスが依拠する情報源の一つはヒッポリュトス『全異端反駁』の第IX巻である。

ヒッポリュトスはそこで、エールケサイ派が「割礼」（一四1）と「安息日」（一六3）を遵守するユダヤ主義キリスト教の分派の一つであったことを明言している。事実、その報告にも、エピファニオスによればエビオン派がエールケサイ派から貰い受けて唱えていたとされる式文とまったく同じ式文が現れる（一五2、5）。ただし、ヒッポリュトスの報告には、エピファニオスの言うエビオン派と比べると注目すべき違いがある。すなわち、エビオン派が行っていたとされるのは「清めの沐浴」であった。それに対して、ヒッポリュトスの言うエールケサイ派は「二度目の洗礼」（βαπτισάσθω ἐκ δευτέρου）で当の式文を唱えていたとされる。ヒッポリュトスは同じ文脈で「二度目の洗礼」という表現を合計三回も繰り返している（『全異端反駁』IX 一五2と5―6）。

洗礼（βαπτισμός）は、パレスチナの最古の原始キリスト教会以来伝統的に一回限り行われるものであった。それは歴史的には洗礼者ヨハネにさかのぼるものであった。たしかに、生前のイエス自身がそれを師ヨハネから受け継いて、「神の国」を宣べ伝えながら自分でも実践したかどうかについては、よく知られているように、研究上は今なお争われている。しかし、イエスの死後成立した最古の原始キリスト教会が――イエスを超えて少なくとも間接的に洗礼者ヨハネから――継承して、入信儀礼として実践したことは紛れもない事実である。

その洗礼（罪のゆるし）の一回性という伝統がここで変更され、少なくとも二回目の繰り返しが容認され始めているのであろうか。もしそうであれば、それはパレスチナから西の領域で拡大して行ったキリスト教の中に現れた傾向（特に『ヘルマスの牧者』「第九のたとえ」一四2参照）と並行することになるであろう。それとも、入信儀礼としての洗礼の一回性は堅持した上で、いわゆる儀礼的な「清めの沐浴」により大きな救済論的意義を付与し始めているのであろうか。救済論的意義において、「洗礼」と「沐浴」の間の境界線が流動化し始めているのであろうか。

ヒッポリュトスの後に続いたエピファニオスが、同じエールケサイ派の式文についての文脈で、「清めの沐浴」について語っても、「洗礼」の文言は使っていないことを重く見れば、二つの可能性のうちでは後から上げた方に、より大きな蓋然性を認めるべきではないかと私には思われる。加えて、ヒッポリュトス自身が自分とローマ司教座をめぐって争った宿敵カリストスが「二回目の洗礼」を施している事実を、同じ『全異端反駁』IX巻一二章26節で論難していることを考え合わせなければならない。彼はパレスチナより東の領域のユダヤ主義的キリスト教の分派たちが繰り返し始めている「清めの沐浴」を、地元のローマでも『ヘルマスの牧者』以来容認されてきた「二回目の洗礼」と同一視して、許されざるものと見なしているのだと思われる。

## 4　『ペトロの宣教集』から『ペトロの講話集』へ

すでに短く触れた通り、『ペテロの宣教集』はいわゆる『偽クレメンス文書』（ギリシア語の『ペトロの講話集』とラテン語の『再会』の総称）の最古層で使われていたと想定される仮説上の文書資料である（前出注50参照）。『偽クレメンス文書』の表題に含まれる「クレメンス」とは使徒教父文書中の二通の「クレメンスの手紙」と同じローマ司教クレメンスのことである。『偽クレメンス文書』は、ある理由から地中海世界に離散してしまったクレメンスの家族（両親と兄弟）が、紆余曲折の運命に曝されながら遂に「再会」をとげる物語を枠組みとしている。クレメンスは離散した家族を探し求める旅の途中、ペトロと出会って、その宣教の旅の同伴者となる。しかし、クレメンスを主人公とするこの枠組みには、明らかに文書全体をローマ教会寄りに事後的に改訂しようとする意図が見て取れるから（本書一〇五頁参照）、最古の資料とされる『ペテロの宣教集』の枠組みであったはずはない。もちろん、元来の『ペテロの宣教集』も、おそらくはペトロの宣教の旅を枠組みとしていたと考えられる。しかし、研究上その旅路の再構成は断念され、もともと『ペテロの宣教集』の一部であったと思われる記事が断章の形で抽出され、内容の類似性を基準に五つのテーマグループに分類されるにとどめられる（前出、本書一一七頁参照）。それらの断章の内容から判断して、元来の『ペテロの宣教集』がユダヤ主義のキリスト教に属することに疑いはない。成立年代は後二世紀末ごろと推定される。

『ペトロの宣教集』の主人公ペトロは、終始エルサレム教団の指導者ヤコブの立場を忠実に代弁している。そこで語られるヤコブの救済論については、すでに本書Ⅱ章二節5で論じた通りである。ここでその重要なポイントをもう一度確認しておこう。

第一の特徴は律法主義である。すなわち、キリスト教徒こそ真のユダヤ教徒という立場である。

モーセ律法の中でも、割礼の戒めが特に重要視される。そのことは、『ペトロの宣教集』の前に添付されている「宣教集の受取人の誓約」が冒頭で読者を「割礼の者で信仰深い者に」限定していることから端的に明白である。モーセ律法を無用とするパウロはサタンの使い、彼の「信仰のみによる義（救い）」は謬説《びゅうせつ》だと断罪される（テーマグループ「反パウロ的論争」）。ただし、エルサレム神殿での贖罪の供犠は拒否され、それを定めたモーセ五書の中の贖罪の供犠の条項（主にレビ記）は事後的に付加された「誤謬の段落」だと見做される（テーマグループ「律法と律法における誤謬の段落について」）。「罪の赦し」は供犠ではなく、「洗礼」によって与えられるのである。救いは「誤謬の段落」から浄化されたモーセ律法と「洗礼」に関わる「善い行い」によって実現するのである。テーマグループ「洗礼についての教え」には、次のような断章が含まれている。

> それゆえにあなたがたは洗礼を受けてください。初めから水にはあわれみ深いものが結合していたのです。それは三つの祝福されたみ名によって洗礼を受けたものを知っているのであり、来るべき懲らしめから彼らを救うのです。それは洗礼を受ける人たちのよきわざを、その洗礼ゆえの贈り物として、神に対してもたらすのです。（『ペトロの講話集』XI二六3）[100]

---

（100）前掲の青野訳『ペテロの宣教集』、一五八頁。

ここで宣言されているのは、「罪のゆるし」は「よきわざ」、すなわち「行為」によるという考え方である。事実、テーマグループ「真の預言者について」に分類される断章の一つ（『ペトロの講話集』Ⅲ二六）では、イエスは「行為による罪のゆるし」を明言している。これはパウロの信義認論に真っ向から対立するのはもちろんのこと、Ⅰコリント書一五章3b－7節に定式化されたペトロの贖罪信仰をも不必要とするものであることに注意が必要である。なぜなら、こう宣言するイエスは確かに「真の預言者」と呼ばれているものの、超越的・神的な救済者ではなく、あくまで通常の人間の一人（「人の子らの一人」）であり、その贖罪死について一言も語られないからである。

同時に注目に値するのは、その「よきわざ」が「洗礼」（βαπτισμός/ βαπτισθῆναι）と文脈上密接に関連させられていることである。テーマグループ「洗礼についての教え」に集められた断章のほとんどが、女性（主に妻）との性交の汚れからの清めを、実にくどいほど繰り返し問題にしている。このことは「よきわざ」が身体の「清さ」を保つことに関係していることを証明する。

同じことは、『ペトロの宣教集』にクレメンスの離散した家族の再会物語を加えて構成された『ペトロの講話集』では、明瞭に確認できる。なぜなら、そこでは主人公のペトロと随行者たちが地中海沿いの街道を北上する宣教の旅の途上、ほぼ毎朝起床直後に海水での「沐浴」を繰り返すからである（Ⅷ二5、Ｘ一1－2、二六2、Ⅺ一1－12他）。ただし、その「沐浴」にはギリシア語 λοῦσθαι が当てられていて、「洗礼」βαπτισμός / βαπτισθῆναι とは区別されている。そしてそれには理由がある。すなわち、『ペトロの講話集』はⅩⅢ巻で、ペトロに随行しているクレメンスがそれまで探し続けてきた母親と奇跡の再会を果たす次第を物語る。やがて母親はペトロの人物と宣教のことを聞き知ると、自分も「洗礼」（βαπτισμός / βαπτισθῆναι）を受けたいと申し出る。しかし、ペトロは洗礼には確固とした前提条件があるから、それをまず満たさねばならないと言って母親の希望を退ける。母親がその条件を満たして、晴れて洗礼を受けるのはⅩⅣ巻の冒頭においてである。したがって、『ペトロの講話集』のレベルでは、「洗礼」は明確に一回限りの入信儀礼として位置付けられており、身体の清めのために繰り返し行われる「沐浴」から区別されているのである。

それでは、『ペトロの講話集』が資料として使っている『ペトロの宣教集』では、どうだったのか。この文書は、前述のとおり、現在はペトロの語録を断章集の形――それもテーマごとにグループ化された形――で再構成することしかできない。そのため『ペトロの講話集』の場合のように、一回限りの入信儀礼としての「洗礼」と繰り返される身体の「清めの沐浴」の区別を知っていたのかどうか、確かめる手がかりがない。しかし、仮に知っていたとしても、洗礼の一回性は堅持した上で、身体の「清めの沐浴」の持つ救済論的意義をより強調し始めていることは間違いない。これは前述（本章三3、本書一三四－一三五頁参照）のエールケサイ派の場合とまったく同じである。明らかに、二世紀のユダヤ主義キリスト教のいくつかの分派では、日々の生活倫理（エートス）レベルでの「清さ」が次第に重要視されていったのである。

『ペトロの宣教集』では、「清めの沐浴」によって身体の清さを保つことが「よきわざ」の根幹であり、最後の審判において信徒一人一人の運命を決める規準である（『ペトロの講話集』XI三二3）。つい先ほど引照した断章（『ペトロの講話集』XI二六3）には、「それは洗礼を受ける人たちのよきわざを、その洗礼ゆえの贈り物として、神に対してもたらすのです」とある！

この傍線部と同じ趣旨の文章が『ヘルマスの牧者』「第五のたとえ」三章3節にも現れることはすでに見たとおりである（本書七〇頁参照）。どちらも、信徒の善行が神を喜ばせ、神の要求以上のお返しをすることになるという宣言である。『ヘルマスの牧者』はⅠコリント書一五章3b－7節型の贖罪信仰の系譜に属する。すなわち、Ⅰコリント書一五章3b－7節型の贖罪信仰も「罪」の定義をキリスト教の生活倫理に引きつけて決疑論的に「場合主義化」すると、その贖罪信仰に一言も言及しないユダヤ主義キリスト教（ペトロの宣教集）の行為主義と異なるところがなくなるということである。このことがこれ以上明瞭に読み取れる事例は他にないであろう。

## 四　ユダヤ主義キリスト教のまとめ

以上、われわれは本書Ⅱ章二節以降ここまで、主の兄弟ヤコブから始まり、エルサレム脱出（後六二年）を経て、二世紀の北トランス・ヨルダンからシリアにかけて展開したユダヤ主義キリスト教の系譜をたどってきた。[101] その結果、明らかになったことをここでまとめておこう。

（1）この系譜のキリスト教にとっても、復活信仰とは第一義的には「人の子」イエスの再臨待望のことであった。それはまず主の兄弟ヤコブに確認され、エルサレム脱出の直前には生前のイエスの神殿倒壊予言の再活性化にも大きな影響を及ぼしたに違いないと想定される。エルサレム脱出後のさまざまな分派においても、「人の子」イエスの再臨待望は基本的には生き続けたと考えられる。もちろん、それは後代の教父たちが行っている報告では、すべての分派に明示的に証言されているわけではない。しかし、生前のイエスが「神の国」について

（101）以上では、新約聖書中のヤコブの手紙は取り上げなかった。その点については、前出注58を参照。この手紙の著者は元ディアスポラのユダヤ教徒であったと思われる。そのキリスト教はたしかにきわめてユダヤ教的な色彩が強いが、本書のわれわれが言う「ユダヤ主義キリスト教」とは多くの点で区別されるべきである（辻学『ヤコブの手紙』〔現代新約注解全書〕、新教出版社、二〇〇二年、二六、四一頁参照）。ただし、Ⅰコリント書一五3b－7、ロマ書三25型の贖罪信仰が認められない点はユダヤ主義キリスト教と共通している。しかも、結びの五20では「罪人を迷いの道から連れ戻す」行為が（その罪人の）多くの罪を（「贖う」ではなく）「覆う」（καλύπτειν）と言われる。

織り上げていたイメージ・ネットワークは、同時代の他の領域でのキリスト教にくらべ、この東方のユダヤ主義キリスト教においてこそよくその形をとどめていたのである。たとえ、そこに「人の子」の明示的な言及がない場合でも、「神の国」の実現時に再臨するイエスが「人の子」と考えられていることは間違いない。そのよい例は、すでに本書Ⅲ章二節1で言及した通り、皇帝ドミティアヌス（在位、後八一―九六年）が当時生き残っていたイエスの親族にあたる農民家族（実弟の一人ユダ〔マコ六3参照〕の孫家族）を召喚して行った尋問（エウセビオス『教会史』Ⅲ二〇1―6によるヘゲシッポスからの抜書きによる）である。彼らは「神の国」の待望について問われて、「それはこの世とこの地上のものではなく、むしろ天上のもの、天使たちのものであって、世界が終る時に初めてやって来るものであること、その時その方は栄光の内に現れて、生者と死者をそれぞれの生き様に従って裁くだろう」と答えると、ドミティアヌスは彼らを蒙昧な者たちとして軽蔑したものの、有罪とはせずに釈放する。その後、釈放された彼らは、主イエスを告白するとともに主の親族だということで、教会の内部で指導的な立場を与えられたと言う。

（2）この系譜が再臨を待望している「人の子」イエスは、やがて終わりの時に天から到来する審判者であり、超越的な存在であることはもちろんである。しかし、生前のイエスはその「人の子」とは明確に区別されていた。『ペトロの宣教集』はこの区別を明確にするために、生前のイエスをわざわざ伝統的な「人の子」をもじって「人の子らのうちにある方（ὁ ἐν υἱοῖς ἀνθρώπων）という新語を作っているほどである（本書Ⅱ二5）。その他、エビオン派も、エイレナイオス（『異端反駁』Ⅰ二六1）、ヒッポリュトス（『全異端反駁』Ⅶ三四1－2）、エピファニオス（『薬籠』XXX一三6、一四3）が証言するように、生前のイエスをたしかに人並み外れて律法を全うした義人あるいはキリストではあるが、あくまでも普通の人間と見做していた（本書Ⅱ二2－4参照）。

（3）それでは、普通の人間であったイエスが再臨するべき超越的審判者となったのは、一体何時なのか。おそらくユダヤ主義キリスト教はこの問いに、「死人からの復活によって」と答えたのだろうと考えられる。現在パウロがロマ書一章3－4節に、「肉によればダビデの子孫から生まれ、聖さの霊によれば、死者たちからの甦りによって、力のうちに神の子として

---

（102）この関連で興味深いのは、イグナティオス『エペソのキリスト者へ』二〇2「イエス・キリストは肉によればダビデの裔、人の子にして神の子なのです」である。ここではロマ書一3－4を引きながら、「肉によればダビデの裔」と「神の子」の間に、「人の子」が割って入っている。文脈からすると、「人の子」はイエス・キリストが端的に人間（肉）であることを意味している。C. Colpe, ὁ υἱὸς τοῦ ἀνθρώπου, ThWNT VIIII, 480 参照。この重要な問題には本書ではこれ以上立ち入ることができない。他日を期したい。

定められた方、私たちの主イエス・キリスト」と書いている背後に、主の兄弟ヤコブにまでさかのぼるユダヤ主義キリスト教のキリスト論との関わりがないかどうか、吟味されてしかるべきだと思われる。[102]

（4）生前のイエスが普通の人間と見なされるから、その死にも他の人間の「罪」の贖いという特別な意味づけも当然行われない。その結果、Ⅰコリント書一五章3b－7節の贖罪信仰が積極的な意味で引き合いに出されることは、ユダヤ主義キリスト教の文書にも、教父たちの報告のどちらにも、どこにも認められない。「罪」とはたしかにモーセ律法に対する違反のことであるが、その「ゆるし」は割礼を中心とする律法遵守の善行を積むことによってこそ与えられる。その善行は神の要求するところを超える神への「贈り物」となって、神を喜ばせることができる。

（5）ただし、モーセ律法が定める動物の血を流す供犠を定めた贖罪条項（レビ記一六章）は、おそらく主の兄弟ヤコブ以降一貫して拒否されたと想定される。『ペトロの宣教集』では、それはモーセ以後に律法に付け加えられた「誤謬の段落」と見なされ、削除の対象とされた。エルサレム神殿で行われる贖罪の祭儀は、後七〇年の神殿倒壊以後も理念化されて堅持されていった。

（6）「罪のゆるし」を与える善行には、「洗礼」が属する。「洗礼」（βαπτισμός）は一回限りの入信儀礼という最古の原始キリスト教以来の意味づけをまったく失っているとは言えない。しかし、繰り返し行われる身体の「清めの沐浴」(λουσθαι)により大きな救済論的意義が付与され始めている。すなわち、救済論的意義において、「洗礼」と「沐浴」の間の境界線が流動化し始めている。[103]

(103)「洗礼」と「清めの沐浴」の関係についての本書の論述は、本書の準備として無教会研修所主催「2022年度聖書学習講座」での講義「『贖罪信仰』の起源と変容」の第六講(二〇二二年十月十日配信)で述べたことを大きく補正している。

# Ⅳ　補論

以上、本書第Ⅱ章二節からここまで、われわれは原始エルサレム教会内での主の兄弟ヤコブから後二世紀のユダヤ主義キリスト教の諸分派への系譜を、仮説を混じえながらたどってきた。当然のことながら、その途中で取り残してきた問題は数え切れないが、その中でもその感を最も禁じ得ないのは、**マタイ福音書とヨハネ福音書**の二つである。どちらも成立年代は後七〇年のエルサレム陥落以後一世紀末までの間と考えられる。成立地については、マタイの場合はパレスチナからシリア、つまり二世紀のユダヤ主義キリスト教の諸分派とほぼ同じ地方と見るのが多数意見と言えるだろう。[104] それに対して、ヨハネ福音書の成立地に関しては、諸説がある。しかし、やはり同じ地方を成立地と見なす有力な意見があり、私は早くからそれに賛成してきた。そうだとすれば、この二つの福音書が、私がここまで論じてきた**ユダヤ主義キリスト教の系譜**と、どう関係するのかという問題を避けて通ることができない。しかし、この問題と本格的に取り組むとなると事は重大となり、本書の枠内ではもはや扱い切れない。したがって、ここでは目下のところ私の念頭に浮かんでいる見方を、補論の形でごく大まかに述べるにとどめたい。

(104) 特に重要な指標はマタ四24「そこで、イエスの評判がシリア中に広まった」である。これはマタイが五章以下の「山上の垂訓」の直前に置いた要約的報告の一部である。その際、マタイはマコ三7－12を下敷きにしているが、「シリア中に」の一句はマタイ自身が付加した編集句である。この点について、詳しくは拙著『福音書と伝記文学』、岩波書店、一九九六年、七一－七三頁を参照。

## 一　マタイ福音書

まず、マタイ福音書がユダヤ主義キリスト教の系譜に対して示す共通点・類似点として、次の三点が挙げられる。

（1）「神の国」のイメージ・ネットワークとの重なりが顕著であること。この点は、すでに拙著『終末論の系譜』で確認したとおりである。私はそこで「主の祈り」のマタイ版で、「御国が来ますように。御心が行われますように。天におけるように地の上にも」（六10）となっていることについて、「この考え方は、何と生前のイエスの「神の国」の見方に通じていることであろうか」（三四三頁）と評している。また、マタイ福音書は正典福音書の中では、最後の審判を最も強調する福音書である（特に二五31－46）。しかも、その審判で救われるための規準は、伝統的にユダヤ教で善行とされるものを引き継いでいる。

（2）正典福音書の中ではマタイのイエスだけが、「わたしが求めるのは憐れみであって、いけにえではない」というホセア書六章6節の引用によって、神殿での動物の供犠を批判している（マタ九13、一二7）。『ペトロの宣教集』の供犠拒否の立場に、論拠となるイエスの発言を提供したのも、正典福音書の中でマタイ福音書のこの箇所のみである。[105] もちろん、マタイ自身の現在においては、すでにエルサレム神殿の倒壊とともに供犠は廃止されていたのであるから、このイエスの言葉を書き留めたマタイの意図は、理念的なもの（貧しい者への「憐れみ」）である。まさにこの点でもマタイは『ペトロの宣教集』で起きている供犠拒否の全く同じ理念化（本書II二5、一〇一頁参照）を先取りしている。

（3）マタイ福音書がユダヤ主義キリスト教の行為主義の系譜に、少なくとも途中の一分枝として属するものであることは、ナゾラ派とエビオン派がマタイ福音書だけを――場合により部分的に改変して――偏重していたという報告（エイレナイオス、エピファニオス）から明白である（本書九一、九五頁参照）。具体的には、マタイが「山上の垂訓」（五－七章）を「ファリサイ派の人々の義にまさる義」（五20）のために提示していることも、『ペトロの講話集』XI巻一六章3－4節が、ユダヤ主義キリスト教徒を指して、通常の「ユダヤ人」を超える「真のユダヤ人」と見做す行為義認論を先取っている。その際、「行為」は、前項に挙げた供犠拒否がすでに理念化し始めている事実も示すように、具体的な儀礼の現場から離れて、生活行動、すなわち「エートス」レベルの「行い」に一般化されているということである。この点も、ユダヤ主義キリスト教の趨勢といえる。

---

（105）『ペトロの講話集』III五六4に、マタ九13からの直接引用がある。『ペトロの講話集』のこの箇所は、青野訳の『ペテロの宣教集』には含まれていない。しかし、G. Strecker, Das Judenchristentum in den Pseudoklementinen, Berlin 1958,180は、明瞭に『ペトロの宣教集』に算入している。

一致している。
しかし、同時にユダヤ主義キリスト教との差異点も認められる。その典型はマタイ福音書五章17－18節である。周知のように、そこでは「わたしが来たのは律法や預言者を廃止するためだ、と思ってはならない。廃止するためではなく、完成するためである。はっきり言っておく。すべてのことが実現し、天地が消えうせるまで、律法の文字から一点一画も消え去ることはない」と言われる。これは現在置かれている山上の垂訓の文脈からして、明らかにマタイの編集句である。「律法の文字から一点一画も消え去ることはない」と強調されるとき、モーセ律法の中の供犠条項を「誤謬の段落」として削除しようとする立場、すなわち、前述の『ペトロの宣教集』にやがて顕在化してくる立場が、この文書に先行する形ですでに始まっていて、それがマタイの視野に入っていたのではないだろうか。ところが他方でマタイは贖罪の供犠を拒否する点では、すでに見た通り、『ペトロの宣教集』と共通しているのである。ということは、同じように贖罪の供犠を拒否するキリスト教自体の内部に論争があったことになるのだろうか。そしてマタイはその中の独特な一分岐を代表しているのであろうか。これはもちろん仮説である。しかし、今後真剣な考慮に値する仮説だと私は思う。[106]
最後に、もう一つの差異点はマタイ福音書劈頭の処女降誕物語である。ユダヤ主義キリスト教にとっては、イエスは普通の人間であった。特にエビオン派はこの物語を削除したと伝えられる

（本書九二、九五頁参照）。反対に、処女降誕物語はイエスを誕生の初めから神的起源の救済者と考える点で、明らかにヘレニズム文化圏で形成された伝承である。これを受容できたマタイはユダヤ主義キリスト教のみならずヘレニズム・キリスト教とも接点を有していたのだと推測される。

## 二　ヨハネ福音書

本書の第Ⅲ章では、ユダヤ主義の原始キリスト教がエルサレムを脱出した後の展開をたどってきた。その中で、私が改めて確信したのは、ヨハネ福音書の成立地も、後代の教父たちによってユダヤ主義キリスト教の分派の主たる居住地として言及されるシリアに南接する北トランス・ヨルダンに求めるべきだということである。「改めて確信」と述べるわけは、私はすでに拙著『世の光イエス』（講談社、一九八四年）[107]の第Ｉ部で同じ見解を採っているからである。以下では、最初に私の旧説を再確認し（§1）、その後で今回新たに発見した補強材料について述べてみたい

（106）澤村雅史『福音書記者マタイの正体――その執筆意図と自己理解』、日本キリスト教団出版局、二〇一六年も、マタ九13と一二7でのホセア引用も含めて、マタイ福音書をわれわれの言うユダヤ主義キリスト教の系譜の中に位置づけようとしている（四五－四七、一七〇頁他参照）。
（107）改訂版は『ヨハネによる福音書　世の光イエス』（一九九六年）。

（§2）。

## 1　ヨハネ福音書の成立地＝アグリッパⅡ世の領国のバタネア地方

ヘロデ・アグリッパⅡ世は父の死後、皇帝クラウディウスの判断で直ぐにはその所領を継がず、後五三年に初めてかつて大王ヘロデの子フィリッポスの所領であった北トランス・ヨルダンの全域、すなわちトラコニティス、バタネア、ガウラニティス地方と、それに加えて、その直ぐ北方の南シリアのリュサニアとアビレネ地方の支配を安堵された（ヨセフス『戦記』Ⅱ§二四七、『古代誌』XX§一三七―一三八）。続いて皇帝ネロもガリラヤとペレア地方の諸都市と周辺地域をその所領に付け加えた（ヨセフス『戦記』Ⅱ§二五二、『古代誌』XX§一三七―一三八、一五八―一五九）。また、ユダヤ戦争終結（後七四年）後には、ウェスパシアヌスから、ローマへの忠誠心への論功行賞として、シリアの都市トリポリの北東のアルカ、ラファナイア（ラオデキアとトリポリの中間）辺りまで領地を加増された（ヨセフス『戦記』Ⅶ§九七）。つまり、その時点でのアグリッパⅡ世の領国は、ローマの直轄支配下に置かれたユダヤ（とサマリア？）を除いて、北トランス・ヨルダンの全域とその北方の南シリアにまで及んでいたわけである。アグリッパⅡ世はその後、九三年ごろ、あるいは一〇〇年ごろまで生きたとする説があるが、正確な歿年は不詳である。

他方で、エルサレムにいたファリサイ派指導部は、サドカイ派などその他の党派が神殿崩壊とともに消滅したのと異なり、エルサレムを脱出し、地中海沿岸の都市ヤムニアでヨハナン・ベン・ザッカイを中心とする「**ヤムニア会議**」を形成した。そして律法研究を超えて広く各地のディアスポラのユダヤ教を指導してその再統合に努めた。

ヨハネ福音書が前提しているのは、その「ヤムニア会議」を中心にユダヤ教の再統合を進めつつあるファリサイ派中心のユダヤ教である。この点は、すでに前節で取り上げたマタイ福音書とほぼ同じ事情である。そのことは、どちらの福音書でも「ユダヤ人」が「ファリサイ人」とほぼ同義的に用いられること、及びその他の内証に照らして明白である。[108] とりわけ、ヨハネ福音書九章22節に「ユダヤ人たちはすでに、イエスをメシアだと公に言い表す者がいれば、会堂から追放すると決めていた」とあることが重要である。たしかに、これがガマリエルⅡ世と小サムエルによっていわゆる「十八祈祷文」の第十二祷に加えられた異端排除のための改訂と年代的にどう関係するかは、未だに論争されている。しかし、その改訂は後一世紀の末までには行われていたこ

(108) この点は、ここでは繰り返さない。ヨハネ福音書については、前掲拙著五一頁他随所、マタイ福音書については、R. Hummel, Auseinandersetzung zwischen Kirche und Judentum im Matthäusevangelium München 1963; H. -J. Becke, Auf der Kathedra des Mose. Rabbinisch-theologische Denken und antirabbinische Polemik im Matthäus 23,1-12, Berlin 1990 を参照。

とは間違いないであろう。そして、ここではヨハネ福音書の著作年代はおそらく一〇〇年ごろと想定して話を進めたい。つまり、ヨハネ福音書はその改訂十二祷をすでに前提していると考えたい。

さて、より重要な問題はその先である。私は前掲の拙著で、前述のヤムニア会議が（したがって、「十八祈祷文」の第十二祷の改訂も）「バテュラ（Bathyra）の長老たち」の指揮下に行われたとする、主としてユダヤ人研究者たちによる見解に準じた。[109] その「バテュラ（Bathyra）」とは、ダマスコから空間距離で南へ五〇キロメートル、カイザリア・ピリピから東へ六〇キロメートルに位置し、トラコニティス地方の直ぐ北に接する南シリアの町であるが、アグリッパⅡ世の時代には彼の領国の一部であった（本書一一四頁地図参照）。

しかし、「バテュラ（Bathyra）の長老たち」とは一体何なのか。ファリサイ派の律法学者集団というのがその答えである。試みに、後二世紀以降のいわゆるラビ文書から新約聖書に関連する箇所を集積したものとして有名なシュトラック・ビラーベックの註解書（全六巻）を踏査してみよう。その索引巻の中の「律法学者名索引」[110]で引くと、「バテュラ（Bathyra）の長老たち」（בני בתירא）に該当するのは、一項のみ（一二九頁にマタ一九29に関してパレスティナ・タルムードのペサヒームⅥ三三a・50）であるが、それ以外に「ベン・バテュラ」（b. Bathyra）の添え名のあるラビ名としては、次の人物が該当する。

Jehuda b. Bathyra I（後七〇年より前、第II巻五五一頁）
Jochanan b. Bathyra（後一世紀、第II巻五九四頁）
Jonathan b. Bathyra（後一世紀、第IV巻二八二頁）
Jehoschua b. Bathyra I（後一一〇年ごろ、第I巻八〇六、第IV巻一六頁）
Jehuda b. Bathyra II（ニシビス出身、後一一〇年ごろ、第I－IV巻の随所）

これらの事例の「バテュラ（Bathyra）の子ら」がローマの慣例に準じたいわゆる *Patronymicum*

---

（109）拙著では挙げていないが、E. E. Urbach, Class-Status and Leadership in the World of the Palestinian Sages, Jerusalem 1966,12; M. Stern, Aspects of Jewish Society. The Priesthood and other Classes, 2, 1976, 561-630, 特に614ff.; S. Applebaum, The Social and Economic Status of the Jews in the Diaspora, in CRI I 2, 1976, 701-727、特に713; G. Alon, The Patriarchate of Rabban Johanan ben Zakkai, in: idem, Jews, Judaism and the Classical World. Studies in Jewish History in the Times of the Second Temple and Talmud, Jerusalem 1977, 314-343. 特に328-331参照。ヨハネ研究の領域では、拙著の直前に公刊されたK. Wengst, Bedrängte Gemeinde und verherrlichter Christus. Ein Versuch über das Johannesevangelium, München 1981, 3. Aufl. 1990, 157-179が基本的にこれらの研究に賛同している。

（110）H. L. Strack/P. Billerbeck, Kommentar zum Neuen Testament, Bd.5 und 6, Verzeichnis der Schriftgelehrten, hrsg. J. Jeremias/K. Adolph, München 1986, 103-250.

名詞（ローマの人名表記で言う庇護者名）ではなく、「バテュラ」という土地にいる氏族集団の名前（*Gentilicium* 名詞）であることはすでに早くから論証ずみである。[111] 問題は、なぜほとんどシリアとの国境のバタネア地方の辺鄙な町「バテュラ」にファリサイ派の律法学者集団が居住していたのかである。この問いには、ヨセフス『ユダヤ古代誌』XVII巻§二三－二七（秦剛平訳、第五巻二六一－二六四頁）の報告が答えてくれる。それによると、そもそも「バテュラ」は、かつて大王ヘロデが北方防御の軍事上の目的から、さらに北方のバビロニアから来ていた武装した一群（約五百騎）のユダヤ人部隊（指揮者はザマリス Zamaris）を入植させて建設した町に他ならないのである。[112]

その際、バビロニアのニシビスから何人かの律法学者も同時に入植したのだと推定される。というのは、ヨセフスは続けて、「そして、彼（ザマリス）のもとへは、各方面からユダヤ人の父祖伝来の慣習に忠実な人びとが多数集まってきたが、一切の租税が免除されたため、……」（『古代誌』XVII§二六－二八、秦剛平訳、第五巻二六二－二六三頁）と述べているからである。さらに、前掲の学者名リストの最後の Jehuda b. Bathyra II がニシビス出身と伝えられることもそのことを示している。加えて、リストの最初の Jehuda b. Bathyra I はバテュラと並行してニシビスにも自分の学院を保持していたとも伝えられる。[113] J・エレミアスによれば、やがてヒレルとシャンマイの活動によってエルサレムが律法研究の一大拠点となるが、そのヒレルも「バテュラ（Bathyra）の子ら」の直系だと言う。[114]

こうして大王ヘロデ以来の北トランス・ヨルダンをめぐる政治史を見てくると、後七〇年のエルサレム陥落の直前に原始エルサレム教会内のユダヤ主義グループがまずはヨルダン川東岸のペラ（Pella）へ脱出し、やがてはナゾラ派やエビオン派のように、さらに内陸かつ北方のバタネア地方（コカベ Khokhabe/ Cocabe）へ逃げた（本書Ⅲ三1－2、一二八－一二九頁参照）理由が納得されるであろう。その地はかつて大王ヘロデによる創建時に「各方面からユダヤ人の父祖伝来の慣習に忠実な人びとが多数集まった」（ヨセフス『古代誌』XVII §二六－二八）場所であったし、ユダヤ戦争以後もアグリッパII世の支配が存続しているユダヤ人の領国であったからである。難民化したエルサレムのユダヤ主義キリスト教徒たちが難を避ける上で国内では最適の地であったのだ。偽クレメンス文書の『再会』のシリア語版が第I巻三七章で、原始教会のエルサレムからの脱出を「（神の知恵によって）その地方の安全な場所へ導かれ」と記述しているのは（本書Ⅲ一、一一九

（111）H.Grätz, Jüdisch-geschichtliche Studien I: Die Söhne Bathyra בני בתירא, MGWJ 1, 1851/1852, 115-120、特に一一六頁（K. Wengst 173, Anm.68 による）。
（112）J. Jeremias, Jerusalem zur Zeit Jesu. Eine kulturgeschichtliche Untersuchung zur neutestamentlichen Zeitgeschichte, Leipzig 1923-1937, 3.Aufl., Göttingen 1962, 275, Anm. 6 もヨセフスの同じ箇所を指示している。
（113）J. Jeremias 前掲書、275, Anm. 6.
（114）J. Jeremias 前掲書、275.

頁参照)、まさにその通りだったに違いない。

ヨハネ福音書が描く圧倒的にファリサイ派が優勢なユダヤ教のイメージは以上のようなエルサレム脱出後のユダヤ主義キリスト教の展開の大きな流れの中に位置づけられるべきである。具体的に言えば、その成立地は北トランス・ヨルダン、それもおそらくバタネア地方に求められる。この推定は、繰り返しになるが、すでに一九八四年の拙著『世の光イエス』(講談社)で、K・ヴェングスト(Wengst)の研究に準じて提示したところであるが、その直後、R・リースナー(Riesner)が新しい論拠をもってこの見方を補強している。[115] 迂闊なことに私はそれを見逃していた。その論拠を検討するのが次節の課題である。

## 2 新しい論拠

### (a)「ヨルダンの向こうのベタニア」(ヨハ一28)とは何処のことか

ヨハネ福音書一章19－28節はエルサレムの祭司やレビ人たちと洗礼者ヨハネの問答である。彼らは洗礼者に、「あなたがメシア、エリヤ、あるいは、あの預言者なのか」と問う。しかし洗礼者はその全てを否定し、繰り返し自分の「後から来られる方」のことを証しする。その最後の28節では、地の文で「これは、ヨハネが洗礼を授けていたヨルダン川の向こう側、ベタニア（Βηθανία/πέραν τοῦ Ἰορδάνου）での出来事であった」と言われる。

ヨハネの洗礼については、さらに三章22－26節と一〇章40－42節でも語られる。

[22]その後、イエスは弟子たちとユダヤ地方に行って、そこに一緒に滞在し、洗礼を授けておられた。[23]他方、ヨハネはサリム（Σαλείμ）の近くのアイノン（Αἰνών）で洗礼を授けていた。そこは水が豊かであったからである。人々は来て、洗礼を受けていた。（中略）[25]ところがヨハネの弟子たちと、あるユダヤ人の間で、清め（καθαρισμός）のことで論争が起こった。[26]彼らはヨハネのもとに来て言った。「ラビ、ヨルダン川の向こう側であなたと一緒にいた人（＝イエス）、あなたが証しされたあの人が、洗礼を授けています。みんながあの人の方へ行ってしまいます。」（三22－26）

[40]イエスは、再びヨルダンの向こう側、ヨハネが最初に洗礼を授けていた地方（τόπος）に

（115）R. Riesner, Bethany beyond the Jordan (John 1, 28). Topography, Theology and History in the Fourth Gospel, Tyndale New Testament Lecture 38 (1987) 29-63.

行って、そこに滞在された。[41] 多くの人がイエスのもとにきて言った、『ヨハネは何のしるしも行わなかったが、彼がこの方について話したことはすべて本当だった。』[42] そこでは多くの人がイエスを信じた。（一〇40－42）

最後の段落で「再びヨルダンの向こう側、ヨハネが最初に洗礼を授けていた地方」（一〇40）とあるのが一章28節の「ヨルダン川の向こう側（の）ベタニア」を指すことは明らかである。したがって、一〇章40節の直後の一一章1節で「ある病人がいた。マリアとその姉妹マルタの村（κώμη）、ベタニア（Βηθανία）の出身で、ラザロといった」と言われることへ続く現在の文脈は、「ヨルダン川の向こう側（の）ベタニア」から、ヨルダン川のこちら側（＝西側、つまりエルサレムからオリーブ山の急坂を登った山の反対斜面に位置するベタニア）へ、舞台が急変しているわけである。

問題は「ヨルダン川の向こう側（の）ベタニア」（一28）が何処にあるのか、容易に見つからないことである。この箇所のギリシア語にはさまざまな異読があるがΒηθανίαが元来の読みであることは間違いない。ところが、すでに後三世紀前半のオリゲネスが『ヨハネ福音書註解』の該当箇所（VI巻二〇四－二〇五）で、ヨルダン東岸をいくら踏査してもベタニアという集落は見つからなかったと報告し、おそらくΒηθαβαρᾶの誤りであろうと記している。[116]

それ以来近現代まで、実にさまざまな仮説が提起されてきた。ここでその一々を報告している暇はない。[117] いずれにせよ、その中で伝統的に最も有力とされてきたのは、ヨルダン川を挟んでエリコの対岸（東岸）にあるとされるベタニアである。それはヨルダン本流から五〇メートルほどのところで、ワディ・エル・カラル（Wadi-el-Charrar）が合流する場所だと言う。ビザンチン時代初期からイエスの受洗場所とみなされ、かつてはギリシア正教会の聖ヨハネ教会の遺構があったと言われる（現在は消失）。さらに二キロメートルほどのところにある Dschebel Mar Elija（エリヤの丘）は旧約聖書ではエリヤの昇天場所（王下二5－14）と結びつけられる。さらに〇・五キロメートル遡ったところには、ほとばしる勢いの泉があり、それがヨハネ福音書三章23節の「そこ（アイノン）は水が豊かであった」という論述に適合するとも言われる。G・ダルマン（Dalman）によれば、それがヘブル語の古名では בית עינן (bêth ʿênôn ＝泉の家）または בית עינים (bêth ʿênaym ＝

（116）Origène. Commentaire sur Saint Jean II, ed. C. Blanc, Paris 1970 (SC 157), 284 参照。なお、オリゲネスが言う Βηθαβαρᾶ の詳細も私には不詳である。
（117）例えば、R・ブルトマン『ヨハネの福音書』、杉原助訳、日本基督教団出版局、二〇〇五年、六二七頁、注47、R. Riesner 前掲論文、34-42 参照。
（118）G. Dalman Orte und Wege Jesu, Gütersloh $1924^3$, 99; R. Schnackenburg, Das Johannesevangelium I の該当箇所（一28）; O. Keel/M. Küchler, Orte und Landschaften der Bibel 2, 1982, 527-532 参照。ただし、この

牧草の家)と表記され、ギリシア語のΒηθανία につながったとされる。現在の研究でもこのワディ・エル・カラル説に準じるのが多数意見である。[118]

しかし、これに対して少数意見だが、「ヨルダン川の向こう側(の)ベタニア」は北トランス・ヨルダンのバタネア地方を指すとする見方が早くから存在した。[119] R・リースナーが支持するのはこの見解である。ただし、その論拠はヨハネ福音書(特に一一章)における「物語られた時間」の分析という独自なものである。

### (b) R・リースナー(Riesner)のテーゼ=バタネア地方のこと

リースナーが最も注目するのは、一一章のラザロの復活物語が物語る時間の経過である。まず、6節でラザロが病気だとの知らせがイエスにもたらされる。この時点でイエスは「ヨルダンの向こう側、ヨハネが最初に洗礼を授けていた場所」(一〇40)、つまり「ヨルダン川の向こう側(の)ベタニア」(一28)にいる。イエスは「なお二日そこに滞在した後」、三日目に初めて「ユダヤへ行く」決心をする(7節)。後続の11、14節から推せば、イエスはその決意の時点で、ラザロが死んだことを遠隔認知したのである。17節でイエスは「エルサレムに近く、十五スタディオン」(18節=約二・八キロメートル)ほどの距離にあるベタニアに到着する。その時点でラザロは死後「四日」たっていたと言う。つまり、「ヨルダン川の向こう側（の）ベタニア」から「エルサレムに近いベタニア」まで歩いて四日の道のりだったことになる。[120]

他方で、当時の人間が一日に徒歩で移動できた距離は、ミシュナー・タアニート一3とバビロニア・タルムード・ペサヒーム九三bによると四五キロメートルとされ、ヨセフス『自伝』§二六九―二七〇でもほぼ同じ計算になる。[121] これで出立地の「ヨルダンの向こうのベタニア」から到着地のエルサレム近郊のベタニアまでの距離を計算すると、四五キロメートル／日×四日＝一八〇キロメートルとなる。この数値は、「ヨルダンの向こうのベタニア」を北トランス・ヨルダンのバタネア地方のことと解して、その北端のバテュラからエルサレムの近郊のベタニアまでの空間距離

ダルマン説は、アイノンをヨルダンの東岸におくことになる点で、ヨハ三23―26全体に含まれる地理情報と合致しない。その地理情報によれば、アイノンにいる洗礼者ヨハネのもとへ報告にやってきた弟子たちが、イエスのことを指して「ラビ、ヨルダン川の向こう側であなたと一緒にいた人」と述べて、彼らが師ヨハネとともに目下ヨルダン西岸にいることを証明しているからである。

（119）C. R. Conder 1877, W. H. Brownlee 1972, K. A. Eckhardt 1961 他。詳細は R. Riesner 前掲論文、42-43 参照。

（120）R. Riesner 前掲論文、43-45.

（121）一時間あたり最大三〇スタディオン＝六キロメートル弱、一日七・五時間歩行するとして四五キロメートル。

を、詳細な新約時代の聖書地図（本書一一四頁の地図も参照）で測った結果と見事に符合する。反対に、前述の多数意見にしたがって、「ヨルダンの向こうのベタニア」を「ワディ・エル・カラル」（Wadi-el-Charrar）と解する場合は、エルサレムの近郊のベタニアへは空間距離で三〇キロメートル、徒歩でも一日で到達可能となり、ヨハネ福音書一一章の物語られた時間に合致しない。[122]

同じことは、ヨハネ福音書一章29節―二章11節についてもあてはまる。イエスは一章28節で「ヨルダンの向こう側のベタニア」にいる。その後、一章29、35、43節で三回「その翌日」と記される。その間一章41―42節には、アンデレがイエスに出会った次第をペトロに話して、彼をイエスのもとへ連れてくるという話があるが、これも独立の一日の出来事として読むべきである。すると、カナへの到着について述べる二章1節の「三日目に」は一章43節でイエスがベタニアからガリラヤへ向かって出立してから「三日目に」と読める。つまり、ベタニアからカナまで徒歩で実質二日の距離となる。この日数と距離はバタネア（バテュラ）からカナまでの空間距離八四キロメートルにはよく適合するが、「ワディ・エル・カラル」からカナまでの地図上の空間距離一五六キロメートルには適合しない。[123]

リースナーはさらに二つ重要な指摘を行っている。一つは、一〇章40節の「ベタニア」は「地方」（τόπος）と表示されるのに対して、エルサレム近郊のベタニアは一一章1節と30節で「村」（κώμη）と表示される違いである。[124] もう一つは「バタネア」が「ベタニア」と表記されることが言語学的に可能だと言う点である。まず、「ヨルダンの向こう側（東側）」は旧約聖書以来の定型句であり、アモリ人の王の地（バシャン地方）を指す（申三8、四47 LXX）。そのバシャン בָשָׁן/Bashan はエルサレム・タルグーム（アラム語）では בתנייא bêthnayyâ（あるいは ביתנייא baythnayyâ）、パレスティナ・タルムードのマアスロットⅣ五一bとマアセル・シェニー五四dでは בתניין bêthnayyin、ヨセフスでは随所でバタネア地方が Βατανέα、Βαταναία、Βατανεία と表記される。ヨハネ福音書一章28節はそれを Βηθανία と表記しているのだと言う。[125]

## 3　洗礼者ヨハネの弟子団との競合・沐浴運動との接点

以上のような論拠から、私は改めてヨハネ福音書の成立地をアグリッパⅡ世の領国内の北トランス・ヨルダン、とりわけバタネア地方と推定したい。ただし、今回この推定を繰り返すにあたり、新たに強調しておきたいのは、ヨハネ福音書を生み出した教会共同体（おそらく後一〇〇年ご

（122）R. Riesner 前掲論文、44.
（123）R. Riesner 前掲論文、47.
（124）R. Riesner 前掲論文、55.
（125）R. Riesner 前掲論文、53-54.

ろ）は、洗礼者ヨハネの弟子集団との競合を目下の問題の一つとして抱えていたということである。もちろん、これはすでに早くから唱えられてきた有力な仮説であり、決して新しいものではない。[126] 事実、ヨハネ福音書が洗礼者ヨハネをイエスの下位に位置づける記事は、共観福音書に比べて夥しく増幅している。一章6－8、15節、および「ヨルダン川の向こう側のベタニア」（一28）も含む一章19－28節では、洗礼者はメシアあるいは超越的救済者ではなく、イエスがそれであることを「証し」するだけにとどめられている。三章22－30（36）節と五章33－36節もしかりである。四章1節、一〇章40－42節では、イエスの方が洗礼者よりも「多くの弟子をつくって」いることが繰り返し強調される。一章35－42節では、わざわざ洗礼者の弟子の中から「二人がイエスに従った」（37節）ことが明言される。そもそもこの段落は、一二章20－26節と同じように、イエスに直接召命されてではなく、仲介者に導かれて弟子として信従するようになる者たちを描く点で、ヨハネ福音書を生み出した教会共同体の自己意識を反映している。つまり、歴史上のイエスから時間的には遠く隔たった自分たちも、「弟子としての信従」の点でかつての直弟子たちと同等なのだという自己意識である。ヨハネ福音書の著者はその自己意識を、ちょうど画家が自分の作品の片隅に自分の姿を書き残すことがあるように、自分の作品の物語の中へ書き込んだのである。[127] そうだとすれば、同じ理由から、一章28節（と一〇40）の「ヨルダン川の向こう側のベタニア」（一28）にも福音書記者とその読者の教会共同体の自己投入を読み取ってしかるべきであろう。

この観点から、洗礼者ヨハネについての論述には、話がいささか細くなるが、興味深い点がもう一つある。それは三章25節に「ところがヨハネの弟子たちと、あるユダヤ人の間で、清め(καθαρισμός)のことで論争が起こった」と言われることである。ここで「清め(καθαρισμός)」とは何のことであろうか。同じ単語はヨハネ福音書では他には二章6節で「ユダヤ人が清めに用いる石の水がめ」という表現で出るのみである。新約聖書全体では、動詞形も含めると、内面的な「罪のゆるし」の意味で用いられることもあるが(ヘブ一3、九14、22–23、一〇2、IIペト一9、Iヨハ一7、9など)、食物規定や皮膚病の清めなど外面的な清浄儀礼の意味で用いられることも多い(マコ一44並、七19並、マタ一一5、二三25、ルカ二22、一七14、17、使一〇15、一一9)。目下のヨハネ福音書三章25節では、明らかに「洗礼」をきっかけとする論争が問題である。

そこから想起されるのは、エルサレム脱出以後の北トランス・ヨルダンを中心に展開して行ったユダヤ主義キリスト教のいくつかの分派で、「洗礼」と並んで「沐浴」儀礼が再び重要視されていった事実である。この趨勢は、すでに確かめたとおりである(本書III三1、一三九頁参照)。ここで敢えて大胆な仮説を立てれば、洗礼者ヨハネの弟子集団は、師ヨハネの逮捕・処刑(三24参照)

(126) K. Kundsin, Topographische Überlieferungsstoffe im Johannes-Evangelium, Göttingen 1925, 20-21; R・ブルトマン『ヨハネの福音書』、前掲邦訳、六二七–六二八頁(一28)参照。

(127) ヨハネ福音書では、同じことが他でも起きている。前掲拙著『終末論の系譜』、三九四頁参照。

の後も数は少ないながらも、同じ北トランス・ヨルダン地方に生き残ったのではないだろうか。そして自分たちの「洗礼」と並んで沐浴・清浄儀礼を強化しつつあったユダヤ主義キリスト教の一定の分派との間で、その意義をめぐって論争が生じていたのではないか。ヨハネ福音書の教会共同体もその状況を多かれ少なかれ承知していたのではないだろうか。この問題については、次の補論三で再び戻ってくることにしたい。

## 4 伝承史の系譜

ヨハネ福音書の成立地を北トランス・ヨルダン地方に求めることには、伝承史上の支持もある。それはこの福音書には独特な**トマス伝承**が顕著だという事実である。共観福音書ではトマスの名前は十二弟子表にそれぞれ一回出るにすぎない。ところがヨハネ福音書では九回（一一16、一四5、二〇25－29、二一2）現れる。しかも、大半の場合に「ディディモ」（イエスと「双子の」）という独特な枕詞が付されている。この枕言葉を含めて、トマス伝承は後二世紀以降は圧倒的にシリア東部のキリスト教に強く根を張っている。後二世紀以降の成立で「トマス」の名を冠した文書には、『トマスによる福音書』（NHC II,2）[128]、『闘技者トマスの書』（NHC II,7）[129]、『トマス行伝』[130]、『トマスによるイエスの幼児物語』[131]などがある。このうちで、『トマスによるイエスの幼児物語』だけが例外的に、異邦人ヘレニズム・キリスト教を起源とするとみなされるのみで、後はすべてシリア東部（おそらくエデッサ）が成立地と考えられている。この事実も、ヨハネ福音書がそのトマス伝承のより古い段階と接触可能だった地域、つまり北トランス・ヨルダンに定位される蓋然性を支持するだろう。

もう一つ、私見では「人の子」伝承も同じ蓋然性を支持する。すでに拙著『終末論の系譜』（前掲）で詳細に論じたとおり、「人の子」キリスト論は、生前のイエスの「神の国のイメージ・ネットワーク」と同じように、後二世紀以降は、パレスチナとその東方に生き延びたユダヤ主義キリスト教以外には、継承されなかった。大局的に見て、ヨハネの「人の子」キリスト論が共観福音書伝承からユダヤ主義キリスト教へと継承された「人の子」キリスト論の系譜と思想史的に関係していることは確実である。

ただし、そこには顕著なズレも同時に認められる。それは私が一連のヨハネ福音書研究で「人

(128) 荒井献訳、講談社学術文庫、一九九四年。
(129) 荒井献訳が『ナグ・ハマディ文書Ⅲ 説教・書簡』（岩波書店、一九九八年）に所収。
(130) 荒井献・柴田善家訳が『聖書外典偽典7・新約外典Ⅱ』（教文館、一九七六年）に所収。
(131) 八木誠一・伊吹雄訳が『聖書外典偽典6・新約外典Ⅰ』（教文館、一九七六年）に所収。この文書の場合、「トマス」の名前は事後的な付加と見なされている。

の子」イエスの「全時性」と呼んできたものである。ヨハネの「全時的人の子」のキリスト論が成り立つためには、「先在」→「受肉」→「地上の活動」→「死」→「復活」→「高挙」→「即位」(栄光、万物の支配者)という「下降と上昇」あるいは「受肉と高挙」のキリスト論(フィリ二6－11、コロ一15－20)の図式が加わることが不可欠である。しかし、共観福音書伝承では、このうちの「先在」の観念が終始欠けていた。また、ユダヤ主義キリスト教の系譜では、おそらくすでに「主の兄弟」ヤコブの段階から、生前のイエスはあくまで普通の人間であって、超越的救済者と見なされることはなかった(本書Ⅱ二6参照)。ヨハネ福音書の著者は、このズレを承知していればこそ、五章27節で「子は人の子だからである」と書いて、先在の「(神の)子」を「人の子」と同定したのであった。[132]

では、ヨハネは北トランス・ヨルダンで著作しながら、何処でどのようにキリスト(ロゴス)の「先在」を知り得たのか。この問いには、もはやこの補論で立ち入ることはできない。いずれにせよ、ヨハネ福音書の著者はエルサレム脱出後のユダヤ主義キリスト教の系譜と密接に接触しながらも、同時にそれとのズレも示しているのである。この点でも、すでに補論一で述べたマタイ福音書の立ち位置と通じるところがある。

## 5　まとめ

補論二を閉じるにあたり、一つ重要なお断りをさせていただかなければならない。私は初めて世に送った単行本『世の光イエス』（講談社、一九八四年、改訂版『ヨハネによる福音書』、日本基督教団出版局、一九九六年）の第Ⅱ部第二章で、「ヨハネ福音書の構成」を論じた際、イエスは合計「三回」上京する図式（第一回＝二13－四54、第二回＝五1－七9、第三回＝七10－二〇29）を提示した。しかし、今回一〇章40－42節を一章28節の「ヨルダンの向こう側のベタニア」とともに、北トランス・ヨルダンのバタネア地方を指すという見方に明確に変更した。それに伴って、第三回目の上京は七章10節から一〇章40節までとなり、一〇章40－42節から一一章1節へかけてイエスが改めて行う上京は第四回目の上京となるわけである。

## 三　マンダ教団

われわれはすでに第Ⅲ章三節で、ユダヤ主義キリスト教の分派のいくつか（エビオン派、エルケサイ派、『ペトロの宣教集』）で、洗礼と並んで沐浴儀礼が強化されてゆく傾向を確認した。前節の

（132）前掲拙著『終末論の系譜』、三八二－三八五頁参照。

補論二では、後一世紀末にヨハネ福音書が洗礼者ヨハネの弟子団と競合関係にあり、「清め」(καθαρισμός)をめぐって論争している可能性も推定した。

他方で、マンダ教という宗教が現存している。研究によると、そのもともとの居住地はヨルダン川の流域であった。ただし、歴史の早い段階で、戦火を逃れてその地を脱出し、長い年月をかけてチグリス・ユーフラテスの下流域にまで移住し、その地とイランのカルーン河の下流域にも定住していた。しかし二〇〇三年のいわゆる湾岸戦争の戦火を逃れて、一部は難民化し、現在はオーストラリア、アメリカ、カナダなどに移住している。詳しいことはウィキペディアなどで容易に検索できる。写真も多数掲出されている。ただし、私自身は湾岸戦争以前の居住地はもちろん、現在の居住地でも、実地調査の経験はまったくないので、以下で述べることはすべて二次的な研究文献からの情報によるものである。[133]

注目したいのは、そのマンダ教団に特徴的な洗礼と沐浴儀礼、また彼らの自己呼称である「ナゾーラーヤー」が歴史的にユダヤ主義キリスト教、さらに主の兄弟ヤコブ、さらにはその実兄イエスと、どのような関係にあるかである。

(133) 参照文献

① 『洗礼者ヨハネの書』独訳 M. Lidzbarski, Das Johannesbuch der Mandäer, Göttingen 1915.

② 『コラスター(典礼式文集)』独訳 M. Lidzbarski, Mandäische Liturgien, Göttingen 1920/21、英訳 E. S.

Drower, The Canonical Prayerbook of the Mandaeans, Leiden 1959.

③『ギンザー（大いなる財宝）』独訳 M. Lidzbarski, Ginzâ. Der Schatz oder Das große Buch der Mandäer, Göttingen 1925.

④『ハラン・ガヴァイタ（内なるハラン）』英訳 E. S. Drower, The Haran Gawaita and the baptism of Hibil Ziwa, Vatican/Rome 1953.

⑤エピファニオス『薬籠』英訳 F. Williams, The Panarion of Epiphanius of Salamis, Book I (sects 1-40), Leiden 1997. ギリシア語校訂版は Epiphanius, hrsg. v. K. Holl, Bd. 1: Ancoratus und Panarion Haer.1-33, Leipzig 1915 (GCS 25).

⑥エイレナイオス『異端反駁Ⅰ』、大貫隆訳、教文館、二〇一七年。

⑦ヒッポリュトス『全異端反駁』、大貫隆訳、教文館、二〇一八年。

⑧『ペテロの宣教集』（『聖書外典偽典・別巻・補遺Ⅱ』）、青野太潮訳、教文館、一九八二年所収。

⑨『コーラン』、井筒俊彦訳、岩波文庫（上中下）、一九五七－一九五八年。

⑩ E. S. Drower, The Mandaeans of Iraq and Iran. Their cults, customs, magic, legends, and folklore, Leiden 1962.

⑪ E. S. Drower/R. Macuch, A Mandaic Dictionary, Oxford 1963.

⑫大貫隆『グノーシスの神話』、岩波書店、一九九九年、講談社学術文庫、二〇一四年。

⑬大貫隆『イエスと「神の国」のイメージ —— ユダヤ主義キリスト教への影響史』（教文館、二〇二一年）に所収の論考「ユダヤ主義キリスト教の終末論 —— 原始エルサレム教会から後二世紀まで」および「ナザレ人とナゾラ人」。

## 1　マンダ教徒とその聖文書

メソポタミアのマンダ教の存在は早くから知られていた。その聖文書は十七世紀以降、キリスト教の宣教師などが持ち帰って、西欧に知られるようになった。その主なものは十九世紀末から二〇世紀初めにかけて翻訳が進んだ。二〇世紀中葉以降もオックスフォード大学の女性文化人類学者E・S・ドロワー（Drower）によって新たな文書の入手と翻訳が進められた。重要なのは、前出の注133に上げた参照文献表No.①―④、すなわち『(洗礼者）ヨハネの書』、『コラスター（典礼式文集)』、『ギンザー（大いなる財宝)』、『ハラン・ガヴァイタ（内なるハラン)』の四つである。

その中心教義は明瞭にグノーシス主義に属し、神話で表現される。しかも独特な洗礼および沐浴儀礼と結びついている。

マンダ教徒の魂は光の世界に起源を持つが、肉体は反対に闇の世界に由来する。天界の水は地上では「活ける水」、すなわち流水となって流れているので、その流水による洗礼を初めとして、さまざまな儀礼を遵守し、教えを守って生きれば、死後その魂は光の世界に帰ることができる。彼らの洗礼はこの意味で繰り返し行われるもので、キリスト教のそれのように一回限りの入信儀礼ではなく、言わば、生きているうちから行われる葬送儀礼なのである。もともと平和的な宗教であるが、さまざまな迫害下を生きてきた少数派であるために、ユダヤ教とキリスト教を激しく敵視する。流水を使わずに行われるようになったキリスト教の洗礼（滴礼）は「切り取られた水」で行われる「恥の洗礼」だと言う。

（大貫隆『グノーシスの神話』講談社学術文庫版、二一三－二一四頁）

次に教団の起源と歴史であるが、十九世紀以来の長い研究史の中では、まず東方起源説が唱えられ、発祥地はメソポタミア、時代はイスラム台頭後だとされた。マンダ教の洗礼はメソポタミア土着の潔めの習慣やシリアのキリスト教の洗礼を模倣したもので、神話に出てくる旧約聖書の人物はコーラン経由のもの、と説明された。

二〇世紀の中葉以降は西方起源説が定説となった。それによると、起源は遅くとも後三世紀以前で、ユダヤ教に対する改革運動の一つであったとされた。洗礼が現在でも「ヤルドナ yardna」（＝ヨルダン）と呼ばれているのがその痕跡の一つだとされる。洗礼者ヨハネを創始者とするのは後代の伝承で、福音書中の伝承を前提しているが、それ以前からの独自の伝承も含んでいるとされる。

西方起源説の有力な根拠となったのは、一九五三年にE・S・ドローワー（Drower）が公刊した『ハラン・ガヴァイタ（内なるハラン）』（参照文献No.④）である。そこには、パルチア帝国（後二二六年に滅亡）の時代にユダヤ教の勢力が届かない「内なるハラン（Haran）」を通ってメディアに入ったと記されている。もしこの「ハランの町」がユーフラテス上流の町のことであれば、かつてのアブラハムの旅路のまさに逆バージョンになる。ただし、ドローワー（前掲書、三頁、注二）はHauran＝「ハウラニティス地方」とする見方を優先している。本文にも「なぜなら、支配者のユダヤ人たちにとって道なき場所だったから」とあるので、その推測が妥当と思われる。「ハウラニティス地方」はサルモン山脈（標高千～二千メートル？）の西麓で、ガリラヤ湖の東方に位置する。古代イスラエルではバシャン地方（マナセ部族の定着地）、新約時代はガリラヤ湖から東へ、ガウラニティス→バタネア（バサニタス）→トラコニティスの順で続く地方名の内のトラコニティスの南に当たる。本書のここまでの論述にユダヤ主義キリスト教諸分派の居住地として繰り返し出てきた「バタネア」地方に隣接していることに注意したい。

歴史的発祥地は、そのようにヨルダン川の流域だとして、発祥の時期はいつ頃なのか？ 当然、ヨルダン流域からの脱出よりも古いはずである。そこで注目されるのが、他でもない新約聖書の福音書である。

## 2 「ナザレ人イエス」と「ナゾラ人イエス」

新共同訳（一九八七年）と聖書協会共同訳（二〇一八年）の福音書には、「ナザレ人イエス」が計十八回現れる。しかし、ギリシア語の原語では、Ναζαρηνός (Nazarênos) と Ναζωραῖος (Nazôraios) の二通りある。

| | Ναζαρηνός | Ναζωραῖος |
|---|---|---|
| マルコ福音書 | 一24、一〇47、一四67、一六6 | 欠 |
| マタイ福音書 | 欠 | 二23（マタイの特殊記事）、二六71（＜マコ一四67）[134] |
| ルカ福音書 | 四34（＜マコ一24）、二四19（ルカの特殊記事） | 一八37（＜マコ一〇47） |
| ヨハネ福音書 | 欠 | 一八5、7、一九19 |
| 使徒言行録 | 欠 | 二22、三6、四10、六14、二二8、二六9 |

（134）（＜マコ一四67）とあるのは、現在の福音書研究の定説に従って、マコ一四67が該当する箇所の下敷き（出所）になっていることを示す。他も同様。

この表から明らかなように、福音書の四人の著者たちは、Ναζαρηνός と Ναζωραῖος のどちらも地名「ナザレ」(Ναζαρέτ/Nazaret, Ναζαρέθ/Nazareth, Ναζαρά/Nazara) の形容詞形と解して、何ら意味上の違いを認めず、互換的に用いている。Ναζωραῖος もそう解されていることは、マタイ福音書二章23節(マタイの特殊記事)が確証してくれる。

彼ら(＝ヨセフ、マリア、幼子イエス)は夢でお告げがあったので、ガリラヤ地方に引きこもり、ナザレ (Ναζαρέτ / Nazaret) という町に行って住んだ。「彼は Ναζωραῖος (Nazôraios) と呼ばれる」と、預言者たちを通して言われていたことが実現するためであった。

そのため、新共同訳と聖書協会共同訳も、さらにはほとんどの欧米語訳も全ての箇所を「ナザレの」と訳している。しかし、Ναζαρηνός を「ナザレの」、Ναζωραῖος を「ナゾラの」と訳し分ける翻訳も少数存在する。邦訳では、岩波版新約聖書の共観福音書と使徒言行録(使徒行伝)がそうである。そこには踏み込んだ説明はないが、その背後には Ναζωραῖος がどこまで地名ナザレの形容詞形として言語学的に導出できるのか、という難問が潜んでいる。この点に関する研究史の上で画期的だったのは、M・リッツバルスキー (Lidzbarski) の指摘(参照文献No.②、XVI－XIX頁)で、そのポイントは次のとおりである。

―後一世紀末以降のファリサイ派の系譜に連なるラビの伝承（タルムード）ではキリスト教徒を指して「ノーツリー／ノーツリーム」（nôṣrî と nôṣrîm）の語が使われている。指示対象が異端としてのキリスト教徒であることは確実だが、語義そのものは「遵守者たち」の意。ヘブル語の語源は動詞で言えば NṢR / נצר. nôṣrîm はその分詞形。

―マンダ文書でのマンダ教徒たちの自己呼称には、「マンダーヤー」もある。しかし頻度が圧倒的に高いのは「ナーゾーラーヤー」nâṣôrâjâ（複数形 nâṣôrâjê）。その語源も同じ NṢR / נצר で本来の語義は「遵守者たち」。ちなみに、シリア語では nâṣrâjâ となる。

―福音書のイエスの枕詞 Ναζωραῖος は「イエスが元来 nôṣrîm の集団から登場したことを示すもので、キリスト教の成立以後も、イエスと弟子たちを指すものとして用いられ続けた」。

その後、参照文献No.⑪の E. S. Drower/R. Macuch, A Mandaic Dictionary, Oxford 1963 の二六五頁b欄もリツバルスキー説を支持し、かつ、マンダ語の「ナーゾーラーヤー」nâṣôrâjâ（ただし、現代マンダ語に準じて naṣuraia と表記）の方がシリア語 nâṣrâjâ よりも古いとしている。

さらに、前述の『ハラン・ガヴァイタ（内なるハラン）』によれば、ヨルダン流域を脱出後のマンダ教徒が「内なるハラン」を通ってメディアの山地に定着したのは、パルティアの王がアルタバヌスの時で、イエスが処女マリアから誕生する前だったとされている(Drower、参照文献No.④三頁)。また、後七〇年のローマ軍によるエルサレム陥落はマンダ教神話に登場する啓示者の一人「ヒビル・ツィーワー」(Hibil-Ziwa)が行った業だとされ、「ヒビル・ツィーワー」はその後バグダッドに来て、ユダヤ教徒を滅ぼしてマンダ教徒を助けたことになっている(同九頁)。ドローワーはここに出る「パルティアの王アルタバヌス」をイエスと同時代のⅢ世(後一二－三八年在位)ではなく、それ以前のⅠ世(前一二八－一二三年在位)あるいはⅡ世(前八六年－?在位)を指すと見ている(同三頁、注二)。

私自身もマンダ教の起源がイエス時代以前に遡る可能性を示唆する箇所を『ギンザー(大いなる財宝)』(参照文献No.③)の中に四つ見つけた。

「右の部」一八七頁16－19行(リッツバルスキー訳による)と一八八頁4行

「左の部」四四九頁4－6行と四五一頁31－37行

これらの箇所はどれもイエスとキリスト教徒を敵視し論難する文脈に属している。ところが不思議なことに、彼らのことを自分たちマンダ教徒と全く同じようにnâṣôrâjâ「ナーゾーラーヤー」と表記しているのである！　ここでは、一つだけ「左の部」四五一頁31－37行を読んでおこう。

私（＝死後上昇する途中でもろもろの勢力たちの検問所を通過してゆくマンダ教徒の魂）は尋ねて言う、「このアバトゥル（宇宙の支配者の一人）の見張り所に縛りつけられているのは誰なのか」。彼ら（魂に同行する天使たち）は私に答える、「その中に縛られているのは、ナゾーラーヤーでありながら、ナゾーラーヤーではなかった者たちである。彼らは新年祭の前夜を知らず、主の日に集会に行かず、その頭を垂れず、学ばず、奉仕の業をせず、貧しい者たちに喜捨を施さず、貧しい者たちに家の門を開かず、不当にもナゾーラーヤーの名を名乗った者たちである。」[135]

以上から、私は次のように推測したい。

―マンダ教の起源は遅くともイエスと同時代、ひょっとするとそれ以前に、ヨルダン流域に展開した「遵守者たち」の運動にある。

―「遵守」の対象は聖潔儀礼と秘義であったと推測される。おそらくその中心は洗礼と沐浴だった。[136]

（135）拙著『グノーシスの神話』、岩波書店、一九九九年、二三〇―二三一頁、講談社学術文庫、二〇一四年、二五〇頁。

（136）それは一回限りの入信儀礼ではなく繰り返された（重大な罪過を犯した時、幼児洗礼、結婚式、祭司への任職など）。祭司の司式を伴わず信徒が個人で実行できる〈禊〉（沐浴）もあった。K.

—クムラン教団（死海文書）と洗礼者ヨハネもその運動の一端だった。「罪」は洗礼と沐浴によって洗い清められるので、エルサレム神殿での贖罪の祭儀は不要とされた。

—神殿での贖罪の供犠にたいする拒絶は、洗礼者ヨハネからイエスを経てユダヤ主義キリスト教（次節参照）へと継承された。イエスももともとこの運動の中にいた。

—もともと広範な運動体を意味し、キリスト教徒さえ含み得た「ナーゾーラーヤー」を、なぜマンダ教団が主要な自己呼称としたのか、その理由は私には未だに不詳である。

—いずれにせよ、福音書の著者たちにおいては、この呼称の本来の語義は完全に忘却され、それがギリシア語へ転記されたΝαζωραῖοςもΝαζαρηνόςと無造作に混同されるに至っていた。

—この事情を考慮すれば、翻訳ではΝαζωραῖοςは「ナゾラ人」と訳して「ナザレ人」と区別し、簡単な訳注を付すべきである（仏語新共同訳ＴＯＢ参照）。

## 3　エルサレム脱出以後のユダヤ主義キリスト教との関係

エルサレム脱出以後のユダヤ主義キリスト教の諸分派の展開については、本書はすでに繰り返し後代の教父たちの証言を引照してきた。とりわけ第Ⅱ章二節では、主の兄弟（義人）ヤコブの救済論を推定するために、エビオン派、ナゾラ派、『ペトロの宣教集』について、第Ⅲ章三節では、分派同士の間の系譜関係、それぞれの分派の居住地、救済論（贖罪論）、生活倫理の観点から、該当する後代の証言を引照し、分析した。ここでは、特にそれぞれの分派における「洗礼」と「沐浴」儀礼という観点から、もう一度それらの証言を見直してみよう。

### (a) ナゾラ派

この分派に関するエピファニオス『薬籠』XXIX章七節7の報告は次の通りであった。

> 今日では、ナゾラ派はコイレ・シリア地方の近くのベロア（Beroea）と、デカポリス地方のペラ（Pella）付近、バサニタス地方のコカベ（Khokhabe）と呼ばれる場所に見られる。というのは、この派のすべての者たちがエルサレムから退去してペラに移住して以来、ここがこの派の発祥の地だったからである。すなわち、まもなくエルサレムが包囲されるので、そこから退去するようにと、キリストが命じたのである。そのために彼らは、前述したとおり、ペレ

---

Rudolph, Die Mandäer I ,II, Göttingen 1960-1961, 77, 104-105、クルト・ルドルフ『グノーシス　古代末期の一宗教の本質と歴史』、大貫隆・入江良平・筒井賢治訳、岩波書店、二〇〇一年）、三九七頁上段参照。

ア地方に移住し、そこに暮らすようになった。これがナゾラ派の始まった場所である。（大貫私訳）

この報告に出てくる地名（コイレ・シリア地方の近くのベロア、デカポリス地方のペラ、バサニタス地方のコカベ）については、すでに本書第Ⅲ章三節1（本書一二九頁）で詳しく述べたとおりである。エピファニオスはユダヤ主義キリスト教の最初の分派「ナゾラ派」がペラからバサニタス地方を経て北方のシリアへと移動したと考えているわけである。バサニタス地方の集落コカベ（Khokhabe/ Cocabe）は、東のハウラニティス地方と西のガリラヤ湖のほぼ中間に位置し、前述のマンダ教団がメソポタミアへ向けて脱出後に最初に踏み込んだハウラニティス地方からは約四〇キロメートルの距離にすぎない（一一四頁の地図参照）。

エピファニオスの報告によると、「ナゾラ派」はユダヤ教とは区別されるキリスト教徒の集団でありながら、モーセ律法（特に割礼と安息日）を遵守する者たちである（XXIX七5）。ただし、彼らがなぜ「ナゾラ派」（Ναζωραίοι）を自称した（あるいは、そう他称された）のか。この問題については、エピファニオスは何の情報ももたらさない。なぜなら、彼自身は、正典福音書記者たちと同じで、Ναζωραῖος を地名ナザレの形容詞形として用いているから、目下の段落での「ナゾラ派」も、「ナザレのイエスの信奉者たち」、つまりユダヤ主義キリスト教徒一般を言わば「ナザレ派」と呼んでいるのだと思われるからである（XXIX五6参照）。また、「ナゾラ派」が、この後に挙げる他の分派のように、独特な沐浴の儀礼を行っていたかどうかについても、残念ながら何も言及がない。

### (b) エビオン派

エピファニオス『薬籠』XXX章は、「ナゾラ派」がペラに居住した後、現在の居住地へ広がる途中でナゾラ派から派生したのが「エビオン派」だと言う（XXX二7）。彼らの生活習慣の上で注目に値するのは、両派ともにエルサレム神殿での供犠を拒絶（XXX一六5）していることである。特にエビオン派では、洗礼（入信儀礼）とは明瞭に異なって毎日繰り返される「清めの沐浴」の儀礼が行われている。その手順も定められていて、着衣のままで浸水し、八項（天、地、塩、水、風、義の天使、パン、油）の呼びかけからなる祈祷の式文を唱えると言われる（XXX二5、一七4）。この点については、すでに本書第Ⅲ章三節2（本書一三二―一三三頁）でも述べたとおりである。

### (c) エールケサイ派

エピファニオスの報告によれば、この分派にも独特な祈祷の式文を伴う沐浴儀礼があり、前述のエビオン派の「清めの沐浴」とその式文はエールケサイ派からもらったものだと言う。事実、同じ報告は彼が依拠する情報源の一つであるヒッポリュトスの前掲書『全異端反駁』のIX巻にも見られる（一五2、5）。ヒッポリュトスはこの箇所で、エールケサイ派が「割礼」（一四1）と「安息日」（一六3）を遵守するユダヤ主義キリスト教であったことを明言している。

ここで特に注目したいのは、エピファニオスの報告によると、「エールク（ケ）サイ」という人物とその集団「エールケサイ派」が、かたや前述の「ナゾラ派」（XXIX章）と「エビオン派」（XXX章）、こなた「ナサラ派」（XVIII章 Νασαραίοι）という別の分派の間で、媒介項の役割を果したと言われることである（XIX五4、XXX三2参照）。時代はトラヤヌス帝の治下（在位、後九八－一一七年）だとされている（XIX一4参照）。その「ナサラ派」（Νασαραίοι）について、エピファニオスは、わざわざ「キリスト以前」からのグループ、つまりユダヤ教の分派であることを断っている。研究上は、これを目下われわれが問題にしているマンダ教団と同定する見方が多い。ただし、残念なことに、「ナサラ派」（Νασαραίοι）についてのエピファニオスの報告は、全体として短く、情報不足の感が否めない。仮に、「ナサラ派」が事実マンダ教団のことであったとしても、後四／五世紀のキプロスに生きているエピファニオスには、十分な情報が収集できなかったのであろう。

### (d)『ペトロの宣教集』

『ペトロの宣教集』の救済論の中心をなすのはモーセ律法であるが、その中でも、割礼の戒めが特に重要視される。ただし、エルサレム神殿での贖罪の供犠は拒否され、それを定めたモーセ五書の中の贖罪の供犠の条項（主にレビ記）は事後的に付加された「誤謬の段落」だと見做される。「罪の赦し」と救いは、供犠ではなく、「洗礼」と「沐浴」による「よきわざ」によって与えられるのである。「よきわざ」は「洗礼ゆえの贈り物として、神に対してもたらすのです」[137]とさえ断言される。同じことを端的に示す断章を、念のために『偽クレメンス文書』の別の文書からもう一度見ておこう。それは『再会』Ⅰ巻三九章1－2節である。

[1]さて、われわれが述べたところではモーセの説に未決のまま残されていたことが成就し始め、予言されていた預言者（イエス）が現れた。彼ははじめに、神の憐れみに従って動物の供犠を止めるように人々に警告した。[2]そして、もし供犠を止めたら自分たちの罪の赦しの手立てがなくなってしまうという恐れを人々に抱かせないように、水の洗礼を制定した。その洗礼では、人々は彼の名前を唱えることで、あらゆる罪から解き放たれ、それ以後も完全なる不死の生活を続けるのである。供犠の動物の血ではなく、神の知恵（sapientia dei）の清めによって洗われるからである。（大貫私訳）

---

（137）『ペテロの宣教集』（青野太潮訳）、一五八頁（＝『ペトロの講話集』XI二六3）。

ただし、『ペトロの宣教集』の場合は、「洗礼」が必要に応じて繰り返される身体の「清めの沐浴」と密接に関連させられていることは明瞭であるものの、それを一回限りの入信儀礼としてきた伝統とどういう関係におかれているのかは、すでに述べたとおり（本書一三九頁参照）、よく分からない。

## 4　まとめ

以上から明らかなように、二世紀のユダヤ主義キリスト教のいくつかの分派では、「罪のゆるし」（贖罪）は神殿で祭司が行う動物の血の供犠によるのでも、それを体現する超越的救済者イエス・キリストの贖罪死によるのでもないとされた。イエスは供犠に代えて、「洗礼」を定めた。その「洗礼」は少なくとも後二世紀まで堅持されたが、その間に必要に応じて繰り返される聖潔儀礼の沐浴が重要度を増していった。この趨勢はヨルダン川流域で展開していた沐浴運動に回帰してゆく傾向であると言ってもよいであろう。明らかに原始マンダ教団とクムラン教団はその一部であった。その運動は沐浴によって聖潔さを遵守（נצר/NṢR）する「遵守者」の運動であった。

おそらく洗礼者ヨハネの運動も、大枠でみれば、その運動から派生したものであったに違いない。そのヨハネから洗礼を受けたイエスに冠せられた枕詞「ナゾラ人」（Ναζωραῖος）は彼ももともとその運動に属していたことを示している（M・リッツバルスキー）。エルサレムから「ヨルダンの向こう側」へ脱出してそこに定着した最初のユダヤ主義キリスト教の分派が「ナゾラ派」（Ναζωραίοι）を自称した（あるいは、そう他称された）のも、彼ら自身がどこまで自覚していたかは別として、やはり同じルーツに遡ると考えることができる。つまり、「遵守者」という原義において、マンダ教団の自己呼称「ナゾーラーヤー」（nāṣōrājā / nāṣōrājē）と同根なのである。また、同時代以後のラビ文書が視野に入ってくるキリスト教徒を「ノーツリー／ノーツリーム」（nôṣrî / nôṣrîm）と呼んだことも同じルーツを指示している。

イエスの実兄であり、ユダヤ主義キリスト教の祖とも言うべきヤコブは、ヘゲシッポス（エウセビオス『教会史』II二三4―18にある抜き書き）によれば、「ナジル人」（民六章 נזר）であった。その語義は沐浴運動の「遵守者」のヘブル語（נצר / NṢR）とは異なるから、それだけで実兄イエスと同じように沐浴運動の一端に連なっていたとは言えない。しかし、私の仮説によれば（本書II一、本書七八―八〇頁参照）、神殿での動物の血による贖罪の供犠に対する明確な拒絶という沐浴運動の顕著な特徴は、すでに他でもないヤコブの処刑の理由とされたものであった。この点では、ヤコブと実兄イエスの間に本質的な違いはなかったはずである。ただし、それゆえにヤコブにもイエスと同じ枕詞「ナゾラ人」が冠せられたという証言はない。

以上すべての状況証拠から推すかぎり、ユダヤ主義キリスト教が主の兄弟ヤコブから後二世紀の北トランス・ヨルダンの諸分派までたどった展開は、最後の第Ⅳ章補論三で取り上げたマンダ教団がたどったヨルダン流域からメソポタミアへの移動の経過とまったくかけ離れたものではない。もちろん、マンダ教団のヨルダン流域からの脱出は、前述のE・S・ドローワー（Drower）の説にしたがえば、紀元前の可能性もある。すなわち、後七〇年直前のユダヤ主義キリスト教徒のエルサレム脱出よりも早い可能性が大きい。しかし、彼らがその後メソポタミアに到着するまでには実に長い時間を要した。その途中で、「内なるハラン」、すなわち北トランス・ヨルダンで、ユダヤ主義キリスト教の分派と接触した可能性はかなり大きいと言わねばならない。マンダ教徒が彼らのことを自分たちと同じ呼称「ナゾーラーヤー」で呼んだことは、その証拠の一つだと思われる。また、彼らの重要な聖文書の一つが『洗礼者ヨハネ』の書と呼ばれ、その中に新約聖書を超える洗礼者ヨハネに関する独自の伝承を保持していることもまた別の証拠である。さらには、補論二で述べたとおり、後一〇〇年頃には、北トランス・ヨルダンに洗礼者ヨハネの弟子集団が残っていて、ヨハネ福音書の教会共同体と競合関係にあったと推定されることも、状況証拠の一つとして評価されてしかるべきである。

## 5　コーランの中の「サバ人」——結びにかえて

ちなみに、『コーラン』のマホメッドもマンダ教徒に数回言及している。たとえば、第二篇（牝牛）五九節がそうである。

まことに、信仰ある人々（回教徒）、ユダヤ教を奉ずる人々、キリスト教徒、それにサバ人など、誰であれアッラーを信仰し、最後の（審判の）日を信じ、正しいことを行う者、そのような者はやがて主から御褒美を頂戴するであろう。彼らには何も恐ろしいことは起こりはせぬ。決して悲しい目に逢うことはない。（井筒俊彦訳、岩波文庫・上、一九五七年、二三頁、ゴシック体は大貫による）

邦訳者井筒氏はゴシック体の「サバ人」に割註を付して、「サバ人 Sabi'a 強いて訳せば、「バプテスマ派」。メソポタミアにいた相当強力なユダヤ的キリスト教の一派で、水中全身洗礼がその特色。マンデ人とも言う」と説明している。

その他、第五篇（食卓）七三節と第二二篇（巡礼）一七節も参照に値する。しかし、私がこの補論で文献資料に基づいて述べてきたところに照らせば、井筒氏がマンダ教徒をメソポタミアにいた相当強力な「ユダヤ的キリスト教の一派」と説明している点は、二重の修正が必要である。マンダ教徒は「ユダヤ主義的キリスト教」と接触（敵対）したことはあるが、「ユダヤ的キリスト教の一派」であったことは一度もないからである。

しかし、より根本的に重要なのは、同じ井筒俊彦氏が訳者解説で行っている「(コーランの言う)純正信仰とは、ユダヤ教でもキリスト教でもなく、それらの歴史的宗教の源にある、より根源的な一神教ということである」(岩波文庫・下、三八七頁)という指摘である。この考え方は、「洗礼」と「聖潔(きよめ)の沐浴」にこそ罪の赦しを求め、エルサレム神殿での贖罪の供犠を拒み、その供犠を定めたユダヤ教のモーセ律法の条項を後代の誤った付加と見なして削除し、「真のユダヤ教」(つまり「キリスト教」)はその源にあると考えたユダヤ主義キリスト教の考え方の延長線上にある。そこに両者の間の世界史的つながりが見えてくる。[138]

それでは、「誤謬の段落」から浄化された律法の遵守こそ、神の要求をも超える「善行」であって、救いをもたらすというユダヤ主義キリスト教の「行為義認論」もイスラムに通じてゆくのだろうか? 『ペテロの宣教集』あるいは『ペテロの講話集』以降のユダヤ主義キリスト教の歴史的展開はマホメッドへどうつながってゆくのか。これは残念ながら私にはもはや手が届かない未知の領域(*terra incognita*)である。

(138) 市川裕『ユダヤ的叡智の系譜 —— タルムード文化論序説』、東京大学出版会、二〇二二年の第三章(五三 — 八二頁)「神殿供犠から啓示法へ —— ユダヤ・アイデンティティの確立」は、大きな視野でラビ・ユダヤ教からイスラームへの啓示法体制の展開の連続性を跡づけている。ただし、イエス時代の前後からユダヤ教周縁に展開した神殿および供犠へのファリサイ派以外の批判運動への目配りが見られない。

# V 結び――贖罪信仰の起源と変容

本書は以上の第I－IV章にわたって、復活信仰の成立とともに原始エルサレム教会が発足した直後から後二世紀の末まで、いわゆる「贖罪信仰」の起源と変容のプロセスを、かたやエルサルムから見て西方の地中海世界のキリスト教、こなた東方の北トランス・ヨルダン地方のユダヤ主義キリスト教の両方を視野に入れて追跡してきた。

この内、北トランス・ヨルダン地方でのユダヤ主義キリスト教の展開についての論述は、すでに昨年公にされた拙著『イエスの「神の国」のイメージ――ユダヤ主義キリスト教への影響史』に収録した論考V、「ユダヤ主義キリスト教の終末論――原始エルサレム教会から後二世紀まで」とほぼ完全に一致している。さらに、この論考は新型コロナ禍の最中の二〇二〇年九月にオンライン・リモート方式で行われた日本新約学会第六〇回学術大会において、「ユダヤ主義キリスト教の『人の子』待望――原始エルサレム教会から後二世紀まで」と題して行った研究発表に[139]基づいている。そこで私は、ペトロの後を襲って原始エルサレム教会の指導者となったいわゆる「主の兄弟（または義人）」ヤコブが後六二年に大祭司（アナノスの子）アナノスによって処刑され

(139) その要旨が学会誌『新約学研究』第四九号（二〇二一年）、九一－九二頁に掲載されている。研究発表はすでにそれ以前に脱稿していた原稿を縮約したものであった。その完成原稿は、その後自由学園最高学部（大学部）の電子ジャーナル（J-Stage）『生活大学研究』第六巻（二〇二一年）に掲載された。

た理由について、一つの仮説を提出した。それは本書の第Ⅱ章一節（本書七八―八〇頁）でも再説されている。すなわち、ヨセフスは『ユダヤ古代誌』XX巻九章1節（§二〇三）でその理由を「彼らが律法を犯したかどで」と記しているが、仮にこれが大祭司（アナノスの子）アナノスによる言いがかりだったとしても、それに足場を与えたのは、ヤコブとその集団がモーセ律法を全体としては遵守したものの、神殿での動物の供犠条項に限っては、これを拒否したことを指すのではないか、という仮説である。

日本新約学会での発表後の質疑応答の最初に、畏友青野太潮氏から、次のような質問があった。「もし大貫仮説が成り立つとすると、Ⅰコリント書一五章3節b以下に典型的に現れている贖罪信仰を、ペトロとヤコブが代表するエルサレム原始教会発のユダヤ主義的な伝統と見なし、ガラテヤ書あるいはⅡコリント書などでのパウロの論敵と結びつけてきたこれまでの私の見方との関係はどうなるのか」。[140]この質問に対して私が行った応答は、その後刊行された前掲の『イエスと「神の国」のイメージ――ユダヤ主義キリスト教への影響史』に収録した論考Ⅴの結びとほぼ完全に一致する。というのも、この論考のほぼ決定稿をすでに私は研究発表時に手元に持っていたからである。私はそこで自分の仮説が新たに生み出す今後の研究課題を次のように指摘している。

ただしわれわれは（中略）一つの問いを未決のまま先送りしてきた。すなわち、ここで改めて言い直せば、もしすでに原始エルサレム教会が「人の子」キリスト論を、さらには切迫した「人の子」イエスの再臨待望を共有していたのであれば、なぜ同じ原始エルサレム教会に発するⅠコリント書一五章3b－7節の信仰告白定式では、復活・顕現の主語が「人の子」ではなく、「キリスト」になっているのか。周知のように、共観福音書のイエス伝承では、「人の子」は例外なくイエス自身の発言の中に現れ、イエス以外の第三者の口からは発せられない。その用語法がⅠコリント書一五章3b－7節に保存された信仰告白定式をも縛っているのであろうか。

それ以上に、なぜこの告白定式では、そもそも再臨待望そのものが言及されないのか。逆に、なぜ後二世紀のユダヤ主義キリスト教には、この信仰告白定式のようなイエスの救済死

(140) これは加齢のため難聴気味の私に聞き取れたかぎりでの大意である。青野氏の該当する所説は、多くの箇所で繰り返されてきているが、最近のところでは、『パウロ——十字架の使徒』(岩波新書、二〇一六年)、一三三－一三六頁、『どう読むか、新約聖書』(ヨベル新書、二〇二〇年)、一六四－一六五、二一七頁を参照。「その論敵たちとは、第二コリント書、そしてガラテヤ書において最も顕著に実像化されているエルサレム原始教会の中枢を形成していた人たち、つまり第二コリント一一章五節で「大使徒たち」と呼ばれている人たち、そしてガラテヤ書二章一－一〇節において「エルサレム教会の柱」と呼ばれている人たち、その彼らのことを意味していた、と理解してよいでありましょう」(二一七頁)。

（Ⅰコリ一五3b「わたしたちの罪のために死んだこと」）についての言及がほとんどないのか。あるいは、同じように原始エルサレム教会にさかのぼる古伝承であるロマ書三章25節のようなイエスの贖罪死（「その血による贖いの供え物」）について、ほとんどまったく語らないのか。

すなわちこれは、「主の兄弟」ヤコブがエルサレム教会内で指導権を掌握する以前、ペトロがそれを保持していた段階でⅠコリント書一五章3b－7節の信仰告白定式が成立するに至った過程が未解明だということに他ならない。しかし、私はこの問題にはそこでは本格的には立ち入ることができず、今後の課題として先送りしてきた。本書の第Ⅰ－Ⅳ章はこの課題を果たそうと意図したものである。

ここでわれわれの到達した結論を再度確認するとすれば、われわれは原始エルサレム教会そのものの中に複数の相異なる発展段階を区別しなければならない。すなわち、Ⅰコリント書一五章3b－7節の信仰告白文とロマ書三章25節のように、イエスの死を贖罪死とする見方は、「人の子」の再臨に対する熱狂的な待望よりも時間的に遅れて成立したのだと推定される。その証拠の一つが、前者に含まれる旧約聖書からの間接引用である。それは神学的な反省が進んだことを示すものに他ならない。他方で、この見方は義人ヤコブがペトロに代わってエルサレム教会の実権を掌握するよりも前に成立したと考えられる。なぜなら、Ⅰコリント書一五章3b－7節の信仰告白文では、イエスの復活顕現を経験した証人たちとして、筆頭にペトロ（5節）、「その後十二人、次いで五百人以上もの兄弟たち」（6節）が挙げられ、ヤコブはやっとその後（7節）に挙げられているからである。ヤコブが実権を握った後は、われわれの仮説によれば、ヤコブ自身に端を発するかたちで、神殿での動物の供犠に代わる律法遵守の救済論が有力になったと想定される。もちろん、「律法遵守」と言っても、供犠条項を筆頭とするいわゆる「誤謬の段落」を除外した上でのことである。信じる者が救われるかどうかは、誤謬から清められた律法に適った善行をどこまで蓄積できるかによるのである。「人の子」の再臨が実現するときに個々人に下される審判も、それぞれの善行を規準に遂行される。後二世紀のユダヤ主義キリスト教でイエスの贖罪死はもちろんのこと、救済死についての発言もほとんど完全に欠落するのは、その当然の帰結だと言える。したがって、ペトロとヤコブの立場を青野氏のように「ユダヤ主義的」として一括するのではなく、より厳密に区別しなければならないわけである。

ペトロに発する贖罪信仰（Iコリ一五3b－7）では、モーセ律法が「罪」の規準であった。しかし、その後の西方（地中海世界）のキリスト教では、信徒たちの生活倫理の規準はモーセ律法から「キリストの律法」に取って代わられた。そこでは信仰の道徳化が進行し、「新律法主義」とも呼ばれる立場も成立した。信仰者には善行によって神の要求をも超えることが可能だと考えられるようになった。[141] そこに贖罪信仰が継承されたとき、当然ながら「罪」の定義も変容していった。これまで日本の原始キリスト教研究は西方（地中海世界）のキリスト教にこそ焦点を絞りすぎてきたと私は思う。今後は贖罪信仰の言う「罪」の定義の変容に、もっと注意してしかるべきであろう。

それ以上に注意されてしかるべきは、エルサレムよりも東方で展開したユダヤ主義キリスト教の歴史と救済論である。そこでは、贖罪信仰は一貫してどこにも見つからないのである。なぜなら、復活後のイエスが超越的な「人の子」としての再臨を待望されるものの、生前のイエスはあくまで一人の人間にすぎず、その死にもいかなる贖罪の意義も認知されなかったからである。このことは、私自身に取っても、本書でユダヤ主義キリスト教の歴史を追跡する中で初めて、しかも思いがけず到達した最大の認識である。ただし、興味深いことに、贖罪信仰は不在だが、信仰者がモーセ律法を遵守しながら積み重ねる善行（洗礼と沐浴）が、神の要求をさえ超えることができると考える点では[142]、奇しくも西方に展開しながら道徳主義を強めていった贖罪信仰と並行するのである。

（141）『ヘルマスの牧者』「第五のたとえ」三3、および二7を参照。さらに本書Ⅰ章五節（本書七〇頁）と前出注45も参照。

（142）本書Ⅲ章三節4（本書一四〇頁）および『ペトロの講話集』XI二六3を参照。

# VI 「贖罪信仰」をめぐる現代の議論によせて

私は二〇〇八年に公にした拙著『イエスの時』において、原始エルサレム教会で成立した「贖罪信仰」が内包する問題を論じるに当たり、次のように述べた。

イエスの死を「救済死」と見ることは、そのままそれを「贖罪死」と見ることと同じではない。しかし、二つを無造作に混同しながら、「贖罪信仰」がキリスト教信仰の核心だとする見方は、わが国においても、キリスト教会の枠を超えて一般的に定着しているように思われる。ごく大雑把に言えば、イエスは人間の罪を贖うために、身代わりになって死んだという見方である。この見方を以下では「贖罪信仰」と呼ぶことにしたい。この贖罪信仰をもってキリスト教信仰の特徴とすることは、あながち間違いではない。しかし、それだけでは、ほとんどまだ何も言っていないに等しい。なぜなら、「贖罪」というときの「罪」の内容と「誰」の罪なのかが、全く不明なままだからである。（一二九頁）

他方で、青野太潮氏がパウロの「十字架の神学」に関する一連の研究において、伝統的な贖罪信仰に加えた批判が最近の日本のキリスト教会で、大きな反響を呼び起こしている。その反響を追いながら、私にはここに引いたかつての言明のことが繰り返し思い出されて仕方がなかった。すなわち、青野説をめぐる賛否両論では、イエスの死を「救済死」と見ることと「贖罪死」と見ることが無造作に混同されていると感じられたのである。
本書はすでに冒頭の「はじめに」で、この混同について短く触れ、「罪の贖い」（罪からの解放）を「苦難の贖い」（苦難からの解放）から区別して使うこと、そして「罪の贖い」（罪からの解放）について語る場合にも、「罪」を厳密に定義すべきことを提言した。本書の結びに当たるこの終章では、その提言の理由と趣旨をより詳しく説明しておきたい。

## 一　「罪の贖い」と「苦難の贖い」の区別

青野は最新著『どう読むか、新約聖書』（ヨベル新書、二〇二一年）のある箇所（一五〇－一五二頁）で、詩人の故島崎光正の述懐を紹介している。そこで島崎は自分が障害（脊椎分離症）を身に負っていることを述べた後、こう語る。

私はここで、軽々しく『贖い』という言葉を使ってはならないと思いますが、こういうことがございました。……その間、時には気の狂いそうな孤独にさいなまれることがよくありました。そのような時、母もすでに亡くなっておりましたが、かつて彼女が精神科の病棟で歳月をすごしていたことを思うと、おのずと胸の波がおさまったのであります。母が私に先んじて、私のかわりとなって、重荷を担っていてくれた感じと申すべきでありましょうか、そのことに励まされ続けてきたのだと思います。

何よりも注目したいのは、「軽々しく『贖い』という言葉を使ってはならないと思いますが」という冒頭の一言である。事実、島崎は「贖罪」という文言を使っていない。母の苦しみと死が自分の「罪を贖った」とは言わない。そうではなく、先行する母の苦難が現在の自分の苦難を「私に先んじて、私のかわり」に担われたものだと言う。明らかに島崎にはこの事態を「贖い」と表現することにさえ、ためらいがある！ それはなぜか。「贖罪」という言い回しがあまりに定着し、キリスト教信仰の要諦とも見なされているために、「贖い」と言っただけで、それと一緒にされてしまうことを恐れたのではないか。もしそう言ってよければ、ここには詩人としての島崎の言葉の感性が躍如としている。これが私の推測である。それでも島崎がここで「贖い」の語を使っているのは、文脈が示すとおり、「胸の波がおさまった」こと、つまり、自分が現に負っている苦難から「解放」されたことを言うためである。「贖い」の新約聖書でのギリシア語「アポリュトローシス」（ἀπολύτρωσις）は、もともと「解放」の意味であることを想起すべきである。島崎の述懐に「母の苦難＝自分のための犠牲」という感覚は感じられない。伝わってくるのはむしろ「共苦」の共鳴経験である。

生前の島崎と詩人仲間であった柴崎聰《しばさきさとし》は最近のエッセイ「キリスト教文学は死をどのように表現したか――阪田寛夫、塔和子、井上ひさしの作品を通して」の中で、井上ひさしの戯曲『父と暮らせば』で、広島の原爆投下をまったくの偶然によって生き延びた主人公・美津江と父親竹造の亡霊が交わす会話を紹介している。

〔B29が何か落としたのを〕見とるうちに手もとが留守になって石灯籠の下に〔友人昭子からの〕手紙を落としてしもうた。「いけん……」、拾おう思うてちょごんで」石灯籠の陰になり、救われたのである。竹造（父）「（おまいは）病気なんじゃ。病名を『うしろめとうて申し訳ない病』ちゅうんじゃ」（『福音と世界』二〇二一年六月号三九－四一頁）。

柴崎は竹造が言う「うしろめとうて申し訳ない病」を評して、こう述べる。

東日本大震災以後、よく言われるようになった『サバイバーズ・ギルト』（生存者の罪意識）に通じる。戦争で生き残った人々、大震災で生き残った人々の抱える痛みを伴った哀しみと懊悩は、かくも時代や時間を越えて反復されているのである。……パウロは贖いは『イエス・キリストの業である』と言う（ロマ三24）他者の身代わりになって死ぬこと、これがサバイ

バーズ・ギルトの根幹をなしている。(同四一頁)

柴崎の言う「サバイバーズ・ギルト(guilt)」[143]がなぜ「サバイバーズ・シン(sin)」ではないのか。英語でのその意味差は、英語経験の乏しい私には正直なところよく分からない。しかしそこに、主人公・美津江が偶然生き残ったことを「キリスト教の要諦」としての「贖罪信仰」の「罪」(sins)と無造作に同一化したくないためらいが働いていることは明らかであろう。生存者美津江の「罪意識」は神の誡めに背いた「罪」ではなく、彼女が抱え込んだ「痛みを伴った哀しみと懊悩」なのだ。だからこそ、詩人柴崎もその懊悩からの「解放」を表現するのに、伝統的な「贖罪信仰の要諦」の代表的な箇所であるロマ書三章24－25節から「贖い」の語を引くにとどまり、「贖罪」とは呼ばないのだと私は推測する。井上ひさしが竹造に「うしろめとうて申し訳ない病」と言わしめても、「贖罪」とは言わせない理由も同じであろう。

(143)「サバイバーズ・ギルト(guilt)」は、私の長年の友人のペトラ・フォン・ゲミュンデンの教示によれば、もともとW. G. Niederland, Folgen der Verfolgung: Das Überlebenden-Syndrom, Seelenmord. Suhrkamp-Verlag, Frankfurt am Main 1980 がナチスの強制収容所を生き延びたユダヤ人たちの症例に与えた術語である。Niederland 自身もナチスを逃れてアメリカに亡命した人物である。

他方、私の半世紀を超える親しい友人である月本昭男は二〇一四年に公にされた論考「苦難の僕《しもべ》と贖罪信仰」[144]の中で、次のように述べている。

沖縄の戦争犠牲者、広島・長崎の原爆犠牲者たち、東日本大震災のような自然災害の犠牲者たち、また私どもの周囲にあって、ゆえなく苦難を背負う方々のことを想い起こしながら、あらためて、聖書が語る贖罪信仰の現代的な意味を探ってゆかねばならない。[145]

こう述べた上で、さらにごく最近は、青野による贖罪信仰批判を次のように論評している。

我々の世代に生きて、周囲の世界に目をやったときに、他の人たちのために苦しんでいる、あるいは命を失っている人たちがたくさんいますよ。水俣病で亡くなった人たちがまさにそうです。次の世代に同じことがおこらないために、いわば捨て石になってくれたんじゃないのか。そういう発想ってありうるんじゃないでしょうか。我々は、イエス・キリストの十字架を罪のゆるしとして仰ぎますよ。しかしその十字架の周りには、無数の小さな十字架がたくさんあるんですよ。そこに目をやらなきゃいけないんですよ。そして、我々のために苦しんでくださったその方々に感謝するしかないじゃないですか。申し訳ないと思うしかないじゃないですか。そうでなかったら、我々の信仰はどこにあるんですか。……（中略）……青野先生の贖罪信仰批判に対して、いや贖罪信仰って重要ですよ、って私が言う意味は、そういうことも含めているんですね。（ゴシック体は大貫による）[146]

この文章では、「申し訳ないと思うしかない」ことが「我々の信仰」に関わると言われ、最後の部分では「贖罪信仰」が重要である理由ともされている。この文脈からは、「贖罪信仰」という四字熟語に含まれる「罪」を犯しているのは「我々」であることがすぐに分かる。その「罪」のことを「我々」は「申し訳ないと思うしかない」と言うのである。しかし、その**「罪」の内容は何なのか**、この文章を一読するだけでは、少なくとも私には分かりかねて困惑を否めない。これが私の率直な感想である。

(144) 月本昭男『旧約聖書にみるユーモアとアイロニー』、教文館、二〇一四年、一一五－一四八頁所収。
(145) 月本昭男、前掲書、一四八頁。
(146) 東京バプテスト神学校二〇二〇年度夏期公開講座における講義より。青野太潮、前掲書、二三三－二三四頁の報告による。ただし、その報告は月本の講義の後に続いて行われた質疑応答の録音を青野自身が書き起こしたものに基づいているとのことである（二〇二一年九月一五日付の青野からのメールによる）。

それは「(月本や私も含む)我々の世代」が何か特定の行為あるいは不作為を犯してきた、あるいは現に犯していることを指すのか。たとえば、沖縄戦と広島・長崎の原爆投下を引き起こした戦争に反対しなかったこと、あるいは最近の災害で言えば、水俣病に代表される公害や福島原発事故を未然に防ぐことができずにきたことを指すのか。それとも、「私どもの周囲で」多くの人々が東日本大地震という自然災害の犠牲となって、「ゆえなく」も苦難を背負った傍らで、われわれ自身は無事生き延びていることを指すのか。

もし月本の言う「申し訳ない」が後者であれば、それは前述の柴崎が言っていた「サバイバーズ・ギルト」と同じものである。その「申し訳なさ」は私にもあまりにもよく分かる。しかし、柴崎が紹介する事例が示すように、ゆえなくも直接襲ってきた災害と禍をゆえなくも無事生き延びたことは、生き延びた者自身にとっては何よりも「懊悩」と「苦難」なのである。良心の呵責と言ってもよい。

もちろん、生き延びた者自身がそれをさらに「罪」と呼ぶこともあり得るであろう。しかし、誰であれ、同じ災害を一定の距離のところで免れた者が、言わば客観的第三者の立ち位置から、それを「罪」と呼ぶとしたらどうであろうか。それは不用意の誹《そし》りを免れないだろう。私はそのような客観的第三者の立ち位置にいた者の一人である。その立ち位置から、偶然生き延びた者たちが自分たちの良心の呵責を「罪」と呼ぶことに和するのは、それこそ自らの良心にかけて憚られる。

ところが、月本が前掲の引用の最後で行っている「いや贖罪信仰って重要ですよ」という総括的な語り口では、文脈上そう誤解されてもやむを得ないのではないか。これが私の危惧である。「そう誤解されても」と私が言うわけは、月本の真の立ち位置は、実は客観的第三者の位置ではなく、「ゆえなくも」生き延びた当事者自身の良心の呵責だからである。月本はそれに自分を一体化しているのである。月本はその呵責（「罪」）のことを、やがて自分自身の言葉では、人間「存在の破れ」と言い換えていく。このとき月本は伝統的に「キリスト教信仰の要諦」とされてきた「贖罪信仰」の底を割ってその先へ進もうとしている。このことについては後ほど改めて戻ってくることにしたい（本書二三一－二三二頁参照）。

ここでの問題は、青野が批判する鉤括弧つきの「贖罪信仰」も、月本が最終的には底を割ろうとしている同じ鉤括弧つきの「贖罪信仰」に他ならないという点にある。それなのに、なぜ月本は前掲の引用では「青野先生の贖罪信仰批判に対して、いや贖罪信仰って重要ですよ」と言うのだろうか。この文章で月本が真理性を擁護する「贖罪信仰」は、ごく常識的な日本語文法で文脈の中で読む限り、直前で言及されている「青野先生の贖罪信仰批判」で言われる「贖罪信仰」、つまり教理化された「キリスト教信仰の要諦」を指すとしか読めないであろう。ところが、月本自身も最終的には当の「キリスト教信仰の要諦」そのものの底を割ってでも自主的に考えることが必要だと述べるのであるから、そのような読み方はあり得ないはずなのである。加えて、月本が「いや贖罪信仰って重要ですよ」と言って認める重要性、あるいは「ゆえなくも」生き延びた者を苛《さいな》む良心の呵責と懊悩に自らを一体化することの真理性、――これは青野自身が教理化された「贖罪信仰」と明確に区別した上で肯定して止まないことなのである。青野のこの立ち位置をよく知る者から見ると、ここでは月本の論が青野との間でミス・コミュニケーションを起こしていることは明らかである。つい先ほど私が「いや贖罪信仰って重要ですよ」と月本が語るときの「罪」が何を指すのか困惑を否めない、と率直に感想を述べたのは、このミス・コミュニケーションの所為《せい》である。そのために、青野と月本の間に本質的な違いがあるかのような印象が生み出されるとしたら、まことに遺憾と言うほかはない。青野が『どう読むか、新約聖書』の「あとがき」で、月本の前掲の発言を紹介した後に、一切の反論を控えて、その印象は「早計に過ぎますよ」（二三五頁）とだけ述べて終わっているのは当然である。

私の意見では、「贖罪信仰」という日本語の四字熟語の用語法においてそのようなミス・コミュニケーションが生じると、それに付随して厄介な問題が不可避的に生じてくる。すなわち、この四字熟語が欧米語の等価語と違って明示的に含んでいる「罪」[147]とは、一体何を指すのかが不明瞭のまま放置されてしまうのである。ここでミス・コミュニケーションを避けるためには、**「罪」の指示対象のみならず、その定義を発話している主体が誰であり、その発話主体の立ち位置が何処**

**なのかも、発話のそのつど明瞭にして用いることが是非とも必要である。**ところがそれには時間がかかる。ところが、時間に追われた遣り取りでは、毎回そこまで丁寧を尽くしていられない。だれしもつい不用意な用語法になりやすい。その結果、意味不明瞭な「罪」と「罪人」が作り出されてしまうことになる。

この問題を逆の方向から考える上で重要な見解を述べているのが、高橋哲哉氏の単行本『犠牲のシステム——福島・沖縄』(集英社新書、二〇一二年)である。高橋は私にとっては、かつて東京大学駒場キャンパスではるかに若い同僚であり、いろいろな場面で交流があった。しかし、私はこの著作と正面から取り組む機会をなかなか作れず、遅まきながら本書の準備の中で初めて紐解いた次第である。

その高橋は「犠牲のシステム」あるいは「犠牲の論理」の問題意識から、複数のキリスト者による贖罪論を批判的に取り上げる。ここではその中から内村鑑三についての論述に限って見てみたい。[148] 高橋の見方に対する私自身の率直な感想から先に言わせていただけば、私には共感できる

(147)「贖罪」あるいは「贖罪死」の欧米語の等価語を辞書で引くと、ドイツ語ではSühne/Sühntod、英語ではatonement/redemption/expiationなどと出てくるが、いずれの場合も「罪」(sin)の語は明示的には含まれていない。それは、本書の「はじめに」でも述べたとおり、解釈によって持ち込まれる。

(148)高橋は他にも多くの場所で同じ問題を論じている。その中でも、関西学院大学神学部での講演「〈犠

点と首をかしげる点がある。

内村は関東大震災（一九二三年）に関連して「天譴論」とも呼ばれる贖罪論を唱えた。高橋の報告によれば、それは次のとおりである。

然るに此の天災が臨みました。私共は其の犠牲と成し無辜幾万のために泣きます。然れども彼等は国民全体の罪を贖《つぐな》わん為に死んだのであります。彼等が悲惨の死を遂げしが故に、政治家は此の上痴愚を演ずる事はできません。文士は『恋愛と芸術』を論じて文壇を擅《ほしいまま》にする事は出来ません。大地震に由りて日本の天地は一掃されました。今より後、人は厭《いや》でも緊張せざるを得ません。払いし代価は莫大でありました。然し挽回《とりかえ》した者は国民の良心であります。[149]

高橋は「ここに、私の考える「犠牲の論理」の典型が現れている」として、次のように述べる。

内村は、日本国および東京市が（中略）罪深い存在であるがゆえに、天が、神が、これを罰したのだとする。そうだとすれば、そこで「犠牲」になった者、死者たちは、国民全体の「贖い」、償いのために死んだのだということになる。この死者たちの犠牲があって初めて、日本国と東京市民の罪が贖われて、道徳が回復される。神によって赦される。そういう構造になっている。……（中略）……

したがって、いかに「被災者の人々には申しわけないが」等々と言ったとしても、罰は罪に向かってこそ下されるのであり、そこに重罰を受けた人々（被災者、とりわけ死者）がいるとしたら、それは彼ら彼女らが重罪を負っていたからだということにならざるをえない。被災者には「量刑」の違いがあるにせよ、彼ら彼女らは罪があったからこそ罰せられたという**構造**になっていることは、この議論をする限り否定することはできないのだ。[150]

---

牲〉の論理とキリスト者への問い」、『神學研究』六三号（二〇一六年）、一一四頁がとりわけ分かりやすい。なお、以下VI章一節の終わりまでに述べることは、要約してドイツ語訳でも公にされている。Gottesstrafe und Sühnetode als Deutungskategorien von Erdbeben. Diskussionen in Japan, in: P. von Gemünden/A. Merz/H. Schwier (Hgg.), "Resonanzen – Wort, Bild, Musik", Festschrift für Gerd Theißen zum 80. Geburtstag, Gütersloh 2023, 126-130.

(149) 内村鑑三「天災と天罰及び天恵」、初出は一九二三年十月一日付『主婦の友』、現在は『内村鑑三選集5』、岩波書店、一九九〇年、一五九－一六二頁に収録。ここでは高橋哲哉、前掲書、一二七頁による。

(150) 高橋哲哉、前掲書、一二八－一二九頁。ただし、中略と**ゴチック体**は大貫による。

さらにもう一点。内村は関東大震災に先立つ日露戦争に際して、自らは非戦主義・平和主義でありながら、同じ立場の信仰者を戦場へ送り出すに当たり、「非戦主義者の戦死」が持つ贖罪の意義を次のように説いた。

戦争を忌み嫌い、之に対して何の興味も持たざる者が、其の唱うる仁愛の説は聴かれずして、世は修羅《しゅら》の街《ちまた》と化して、彼も亦敵愾心と称する罪念の犠牲となりて、敵弾の的となりて戦場に彼の平和の生涯を終るに及んで、茲に始めて人類の罪悪の一部分は贖われ、終局の世界は其《そ》れ丈《だ》け此世に近づけられるのである。是れ則ちカルバリー山に於ける十字架の所罰の一種であって、若し此世に「戦争美」なるものがあるとすれば、其れは生命の価値を知らざる戦争好きの猛者の死ではなくして、生命の尊さと平和の楽しさとを十分に知悉《しりつく》せる平和主義者の死であると思う。[151]

高橋は内村のこの贖罪論を批判して、「死者の死の意味が、生き残った者によって道徳的に意味づけられ、生き残った者の道徳的理想の回復ないし実現のための『身がわりの死』のように解釈されている」（前掲書、一三二頁）と批判する。

【補論】高橋はこの問題提起のすぐ後の二〇一二年九月二八日に西南学院大学で、青野太潮と「犠牲とは何か――〈天罰〉、〈供犠〉、〈贖罪〉への問い」と題する対談を行っている。[152] 二人の対談をきっかけにして、青野の贖罪論批判とも関連しながら、日本のキリスト教研究者から多くの反響がよせられた。そこでも繰り返し「贖罪（論）」という訳語の多義性と用法の揺れが指摘されている。私の管見の限りであるが、参考までにそのいくつかをここで確かめておこう。

――松見俊「『犠牲のシステム』とキリスト教贖罪論」、『神学論集』第七〇号（西南学院神学部、二〇一三年、一―四三頁）は、「贖罪（論）」という訳語の是非を論じる段で、「救済理解、特に、救済の特殊な説明である贖罪理解」と書いた後に、補足説明を付し、「atonement を『贖罪』と翻訳することも問題を含み、むしろ「神と人間との裂け目の統合」と翻訳する方が良い」（三八頁）と結論づけている。この指摘それ自体は当たっていると私は思う。

---

（151）内村鑑三「非戦主義者の戦死」（初出一九〇四年、『内村鑑三選集2』、岩波書店、一九九〇年、一六四―一六六頁）。ここでは、高橋哲哉、前掲書、一三一―一三二頁による。

（152）この対談はその後公刊には至っていない。そのわけを私が青野に直接確認したところ、残念ながら、対談の記録がまったく残されていないためとのことである。

しかし、青野は贖罪論をまさに「救済の特殊な説明」として定義（「そもそも律法違反の罪に対する贖いとしての犠牲の死、代理の死を意味する極めてユダヤ的な理解」）し、そこから出発しているのである。松見の論考全体は、この青野の定義の「狭さ」を批判し、キリスト教の「贖罪論」をすなわち atonement theory と同義に、つまり広義に解して、その多様性を青野の「狭さ」に対置する（同一七頁）ものである。その論考全体の結論で、「救済理解、特に、救済の特殊な説明である贖罪理解」と語るのでは、論考全体が青野の「狭さ」への批判になっていないのではないか。

田中健三の博士学位取得論文「パウロの贖罪論の考察――ローマ書を中心として」（東京大学大学院総合文化研究科地域文化研究専攻、二〇一六年七月二七日）、一九頁も日本語の「贖罪論」の用法の多義性が孕む問題性を正しく指摘している。田中自身はその上で、「パウロの贖罪論」について語る。そして、そこに含まれる「罪」に、律法違反としての具体的行為というユダヤ教に伝統的な意味と、人間の存在全体を根源的に拘束している「罪」の両方を含めている。田中によれば、パウロはこの包括的な意味での「罪」のもとに「万人」を押し込め（万人罪人論）、その上でキリストによる「万人の罪の赦し」を説いている。田中はこのパウロの思考法を、高橋三郎に従って、「法律的思惟形式」と呼んで、その論理的な形式主義を強く批判する。そしてそれはパウロに見られる多様な救済論の一つに過ぎず、その他に「罪」を前提としない救済論も見られるにもかかわらず、その後のキリスト教は「法律的思惟形式」に基づく「パウロの贖罪論」を一面的に教義化してきた。これが田中のテーゼである（特に一一九－一二〇頁）。

廣石望「贖罪――新約聖書における救済論的メタファーの諸相」、『聖書学論集』50号（二〇一九年）、一一三－一三六頁は「贖罪」が広義で用いられる「諸相」を分節化している。

芳賀力は二〇二一年三月二日に行われた日本基督教団教師養成制度検討委員会主催の教師研修会で「贖罪論」と題する講演を行っている。事前に配布された資料（二〇二一年二月二五日付）の第Ⅱ節（二－三頁）には「贖罪論と現代人」、第Ⅲ節（三－四頁）には「囚われからの自由」という小見出しが付されている。「罪」は人間が創造主なる神以外の非本来的なものに「囚われた」状態と定義される。「贖い」はそこからの「解放」の意味で「贖罪」と互換的に語られる。「救済論」も「贖罪論」の枠内で扱われる。しかし、「苦難からの贖い」が「罪からの贖い」とどう区別されて語られるべきかという本書の問題については、立ち入った論述がない。[153]

（153）芳賀の講演要旨はその後『教団新報』（四九四八・四九号、二〇二一年四月二四日付）に掲載されさて私自身は、内村に限らず、「キリスト教の要諦」とされる贖罪論が、「生き残った者」によって死者（とりわけイエス）の死に事後的に加えられた意味づけ、つまり解釈である点は、まさに高橋の指摘するとおりだと考える。生前のイエス自身にそのような意味づけへの意図は皆無だったからである。それは復活信仰成立後の原始教会による解釈だった。この点は、すでに本書の第I章がすでに詳細に述べたとおりである。

反対に、私が少なからず首をかしげるのは、高橋が先に引いた内村のいわゆる天譴論《てんけんろん》を評して、次のように批判するときである。

> 生き残った者たちが死んだ者たちを、一方的に、罪あるがゆえに罰せられた存在とみなし、語るのである。だが、生き残った者たちは、そのようにみなし、語る権利を、どこから得るのだろうか」（前掲書、一三四頁、ゴチック体は大貫）。

同じ批判はその他にも繰り返し行われる。[154] 注意したいのは、この文章では、大震災の被災者（犠牲者）たち自身が「**罪あるがゆえに罰せられた存在**」と天譴論者は「**みなし**」ていると明言されていることである。被災者自身が罰を受けてしかるべき「罪」の主体だと内村は「**語る**」というのである。

しかし、それは本当に内村自身の言《ことば》であろうか。高橋はここで、内村をオーバーランしているのではないか。もちろん、私は内村の発言を網羅的に踏査したわけではない。しかし、前掲の引用に即してみる限り、内村自身は被災者を「**犠牲と成し無辜幾万**」[155]と明言していることに注意が必要である。内村自身は被災者の死に贖罪の意味を付与するにあたり、被災者の「無辜」性を明言しているのである。

同じことは、後から引いた「非戦主義者の戦死」の贖罪論的意味づけについても言える。「戦争を忌み嫌い、之に対して何の興味も持たざる者」、「生命の尊さと平和の楽しさとを十分に知悉《しりつく》せる平和主義者」を、内村は少なくとも暗黙の内に、「罪」とは無縁の「無辜」の人間と考えている

---

たが、事前配布資料自体は、私の検索が及ぶ限り、その後現在まで公表されていない。私は研修会終了後に流布したものを参照している。その他にも、浅野淳博『死と命のメタファ——キリスト教贖罪論とその批判への聖書学的応答』、新教出版社、二〇二二年という重要な貢献がある。これについては、後出の注167で触れる。
(154)「生き残った者たちが死者たちを、一方的に、罪あるがゆえに罰せられた存在とみなし、語ることがどうしてできるのか、根本的な問題であろう」(前掲書、一三六頁)。
(155)前出注149に引用した内村の文章を参照のこと。ここでのゴシック体は大貫による。

はずである。
内村ほどの「聖書之研究」者であれば、「カルバリーの山で死んだイエス」と書いたときに、「〔神は〕罪を知らない方を、私たちのために罪とされたのである」というⅡコリント書五章21節の文章を想起していないなかったはずはない。「あの方が現れたのはもろもろの罪を取り除くためであり、彼には罪はなかったのです」というⅠヨハネ書三章5節が脳裏をよぎらなかったはずもない。[156]
端的に言えば、キリスト教の贖罪論は、犠牲者（供犠）の無罪性をほとんど無意識の内に前提してしまうのである。それは贖罪の効力を高めるために自動的に働く圧力である。
月本昭男がすでに言及した論考「苦難の僕と贖罪信仰」の中で、「沖縄の戦争犠牲者、広島・長崎の原爆犠牲者たち、東日本大地震のような自然災害の犠牲者たち、また私どもの周囲にあって、ゆえなく苦難を背負う方々[157]のことを想い起こしながら、あらためて、聖書が語る贖罪信仰の現代的な意味を探ってゆかねばならない」と語るときに、犠牲者たちの苦難には「ゆえ」がないと明言することにも、同じ圧力が働いていると私は思う。
贖罪の効力を高めるためにほとんど自動的に働くこの圧力は、キリスト教の贖罪信仰が構造的に内蔵している「贖罪論の論理」と呼べるだろう。[158]
関東大震災に限らず、自然災害は一定の全体集合（たとえば日本国全体、あるいは東京都）を突然襲うものである。当然ながら、被災者（犠牲者）はその部分集合となる。天譴論あるいは天罰論を繰り広げる限りは、部分集合である被災者にも「罪」があったからこそ、「罰」が下されたこととになり、生き延びた者たちの「罪」まで彼ら被災者の上に「集中」したことになる。

しかし、それを「生き延びた者たち」が**主観的・意図的**に行っている「集中」だと一概に断定することはできない。内村も月本も、明言をもって贖罪論の文脈から被災者（犠牲者）たちの「無《む》

（156）青野太潮『パウロ』、岩波書店、二〇一六年、一八五―一八六頁も同じ見解。キリストの死に対する内村の贖罪論的解釈については、月本昭男「内村鑑三の贖罪信仰――その特色と現代的意義」、名古屋聖書研究会主催「内村鑑三記念キリスト教記念講演会」（二〇一五年三月一日）講演、六頁が、内村の著作『求安録』（一八九三年）における次の発言を紹介している。「何故に基督の死と苦痛とは彼を信ずるものの罪を滅するや。……此問題を攻考せんとするに当りて余輩は先づ諸（すべ）ての善人は贖罪的の性を有するものなることを認めざるべからず。……罪なきものが罪あるものの罪を負うにあらざれば其罪は消滅せざるべしとは天下普通の道理なり」。なお、この引用は、月本自身から二〇二一年十月十日付のメールで送られてきた講演原稿による。その後、月本昭男『見えない神を信じる　月本昭男講演集』、日本キリスト教団出版局、二〇二二年、一七一―一九一頁に再録（前記の引用文は一七九頁）。

（157）**ゴシック体**は大貫による。

（158）同じ構造は、すでに旧約聖書レビ記四章の贖罪規定で、供犠とされる雄牛、雄山羊、雌山羊、雌羊が「無傷」でなければならないとされている点（3、23、28、32節）にも象徴的に現れている。

辜《こ》」性について語っているのであるから。

高橋の言う「集中」は、むしろ天譴論・天罰論というもの自体が不可避的に内蔵している**無言の構造**と言うべきである。それは、高橋自身が「犠牲の論理」の典型を説明する前掲の文章で、いみじくもこう述べているとおりである。

> 「被災者の人々には申しわけないが」等々と言ったとしても、……（中略）……罰は罪に向かってこそ下されるのであり、そこに重罰を受けた人々（被災者、とりわけ死者）がいるとしたら、それは彼ら彼女らが重罪を負っていたからだということにならざるをえない。……（中略）……〔そういう〕**構造**になっていることは、この議論をする限り否定することはできないのだ。[159]

高橋の言う「集中」は、「生き残った者たち」による「一方的なみなし」なのではなく、むしろ高橋自身が天譴論・天罰論の無言の中から、「犠牲の論理」として取り出した構造分析なのである。もし仮にそれが「生き残った者たち」による**意図的**な「**みなし**」であるとしたら、被災者の死は被災者自身の「罪」への罰、代償の支払い、言わば自己贖罪となる分だけ、「生き残った者たち」にとっては、自分たちのための贖罪の効力がかえって減じてしまうだろう。しかし、それは贖罪論が内蔵する構造的圧力が許さないはずである。

つまり、自然災害に関して、内村のようにキリスト教の贖罪論を天譴論と結びつけるのは構造論的に見て無理なのだ。これが私の判断である。贖罪論が犠牲者の無罪性を、他方で天譴論はその罪責性をそれぞれ要請するかぎりにおいて、両者は互いに排除し合い、両立できない構造になっているのである。

内村と高橋の以上の議論では、「罪」は両者自身の立ち位置から定義されている。すなわち、関東大震災という「天罰」が起きる前に蓄積されていた日本国民の倫理的退廃のことを指している。それは関東大震災を偶然にも「生き残った者たち」が、他でもない偶然にも生き残ったことそのこと自体に――友だちは一瞬にして無とされたのに、自分だけが現に生き残っていること――そのこと自体に掻き立てられている良心の呵責、言わば「存在への嘔吐」のことではない。

仮に偶然生き残った当事者自身が良心の呵責を「罪」と言い表すことがあっても、客観的第三者が自分自身の判断として、不用意にそれに唱和することがないよう、よくよく注意しなければならない。ところが、当事者のその言い表しを「キリスト教信仰の要諦」としての贖罪信仰の告白と見なす第三者がいるとしよう。その第三者は、その当事者が生き残ったことを、第三者であ

（159）前出注150の引用を参照。**ゴシック体**は大貫。

る自分自身の判断として、「キリスト教信仰の要諦」という教理の言う「罪」に数えていることになる。まさしくそれが、「いや贖罪信仰って重要ですよ」という総括的な語り口では、起きてしまうのではないのか。すでに述べたとおり、これが私の危惧である。

私は先に、キリスト教の贖罪信仰には、贖罪の効力を高めるため犠牲者たちの苦難には「ゆえ」がないとする圧力がほとんど自動的（構造的）に働くと述べ、それを「贖罪論の論理」と呼んだ。目下私が危惧しているは、言わばその倒立形である。不用意かつ総括的に語られる贖罪信仰では、無辜《むこ》の偶然の生存者たちの苦悩までが「罪」に数えられてしまうのではないか。両者は倒立しながら対称関係をなすことになってしまうのではないか。

もしもそれに対して、「いや、そうではない。自然災害と人災の別を問わず、累々たる犠牲者たちの遺体の傍で、自分は偶然生き残ることがあるということ、そのこと自体が人間存在が根源的に背負った〈罪〉なのだ」、というレベルまで議論を掘り下げるのであれば、もちろん話は別である。

ここに浮上するのは、人間の現存在そのものが他者の犠牲の上にしか成り立ち得ないという厳然たる事実である。パウロが自分の律法への熱心そのものの中に気づいた根源的なエゴイズムが、言わば能動的に他者を犠牲にし、淘汰して自己実現を図るものだとすれば、ここに浮上しているのは言わば受動的に、かつ、ほとんど無意識のうちに他者の犠牲に甘んじているエゴイズムへの気づきではないか。この無意識のエゴイズムをわれわれは誰一人免れていない。

ここまでわれわれは、「贖罪信仰」について総括的に語られる場合の危うさを問題にしてきた。そのために月本昭男の一文を引かせていただいた。彼ほどの研究者においてもそのような語りが起き得るのだとすれば、その可能性は誰にでもあるということである。しかし実際には、その月本自身は前掲の著作とは別の講演で、今私が述べた無意識のエゴイズムの厳然たる事実を認め、それを「私たち自身がその存在の深みに抱え込んで自己自身では繕いきれない〈存在の破れ〉」と呼んでいるのである。[160] このとき「罪」は——小林康夫の最近の表現を借りれば[161]——「存在論的」概念

(160) 月本昭男「内村鑑三の贖罪信仰——その特色と現代的意義」(前注156に前出)、一三頁(この引用は、月本氏自身から二〇二一年十月十日付のメールで送られてきた講演原稿による。月本昭男『見えない神を信じる』では一九〇頁。なお、同頁では、同じことを金子晴勇の訳語を借りて「疚《やま》しい良心」と表現している)。山口雅弘『ガリラヤに生きたイエス——いのちの尊厳と人権の回復』、ヨベル、二〇二二年、二四八―二五〇頁は月本の別の講演に賛同するが、その趣旨は月本のこちらの発言にこそより適合するだろう。

(161) 小林康夫の最新の著作『存在とは何か〈私〉という神秘』(PHP研究所、二〇二三年は)、そのような議論が向かうべき方向を的確に指示している。——「その人がなにかこれこれの悪しき行為をしたという罪ではなく、あくまでも〈存在〉そのものが、原理的に、罪であるという論理。その根源的な罪が〈神〉という〈大他者〉によって——いますぐではなく、すべての時間の終わり、

に移行している。イエス・キリストの苦難の死に人間の「存在の破れ」のために支払われる代価が凝縮されていると見れば、古代的な「犠牲」の観念の現代的な意味が救い出せるかも知れない。しかし、その構造は伝統的な「贖罪信仰」とは別物である。「贖罪信仰」では、「罪」は論理的にイエス・キリストの「贖罪死」よりも先にあり、後からくるそれによって「贖われる」。ところが、「存在の破れ」としての「罪」は論理的にイエス・キリストの犠牲死と同時かつ一体である他はない。イエス・キリストの犠牲死は人間の「存在の破れ」が引き起こした事件ではありえても、それを「贖う」ものではありえない。そこで伝統的な「贖罪信仰」の底が割れる。月本が探し求める「贖罪信仰の現代的な意味」も、「贖罪信仰」という日本語の用い方の次元をはるかに超えて、「キリスト教信仰の要諦」そのものの底を割るような議論を指示していると私には感じられる。[162]

## 二　「罪」の定義の変容

「贖罪信仰」をめぐって現在わが国で交わされている活発な議論は、その主たる動因が青野太潮のパウロ研究であったことに対応して、主としてパウロ書簡とその系譜を土俵としてきた。それに対して、本書はパレスチナから東で展開したいわゆるユダヤ主義の系譜に注目してきた。

しかし、「贖罪信仰」の有無、あるいはその内容は、そのどちらにも属さないヨハネ文書についても繰り返し論じられている。最近では、三浦望『NTJ新約聖書注解　第1、第2、第3ヨハネ書簡』（日本キリスト教団出版局、二〇二〇年）と、東よしみが日本新約学会の機関誌でこの著作に寄せた論評[163]がよい例である。ちなみに、三浦も東もともにかつて大学院時代に私が指導したヨハネ文書の研究者である。

三浦はヨハネの第一の手紙の救済論の中心をイエスの「贖罪死」に見る。この書簡で繰り返されるイエスの「血」についての言及は、そのほとんどがイエスの死を指すとされ、その死が贖う

〈終末〉において――赦されるというわけです。そして、けっして論理的に検証することができない、まさに存在論的以外のなにものでもないこの論理の実証として、イエスの〈死〉が、その聖なる〈犠牲〉として召喚された。」（九九頁）小林はこの後にさらにこう続けている。――「わたしは、イエス自身は、そのようにして後に〈キリスト教〉と呼ばれる宗教として形成された〈信〉とは違った、それからずれた〈信〉を、過激に、生きたと考えています。」

（162）月本昭男「福音の社会性」（『高橋三郎著作集・最終巻』、教文館、二〇一二年、四―五頁）の次の文章も参照。「そうであればこそ、キリスト教信仰の要であり、無教会を標榜した内村鑑三以来のキリスト者たちが大切に伝えてきた『贖罪信仰』は法律的思惟形式に枠づけられた因果応報思想の変奏曲であってはならない。〔高橋三郎〕先生の『刑罰代受説』批判を筆者〔月本昭男〕はそう受けとめた。」

（163）『新約学研究』第四九号（二〇二一年）、八一―八五頁。

「罪」とは、全世界が神の派遣した御子に対して示した「不信仰」を意味すると定義される。

これに対して、東はIヨハネ書の救済論の中心をイエスの「血」＝「贖罪死」に見ることに批判的で、むしろ神による御子の「受肉」・「派遣」が中心だと見る。繰り返されるイエスの「血」への言及も、「受肉」を指すと言う。さらに、ヨハネ福音書も含むヨハネ文書群で語られる「他者のための（ὑπέρ）自己犠牲」は、「代理死」あるいは「代贖死」を意味し、すでに「神殿供犠」の文脈に属さなくなっていることを三浦が見ていないと指摘する。[164]

私が見るところでは、Iヨハネ書が原始エルサレム教会に発する贖罪論――それはさらに神殿での贖罪供犠（レビ記一六章）を前提している――の伝統を承知していることは間違いない。それは（復活・高挙のイエスを指して）「私たちの罪のための、いや、私たちの罪（複数）のためのみならず、全世界のための贖いの供え物（ἱλασμός）である」（二2）という文言一つを見ても、端的に明らかである。三浦がIヨハネ書の贖罪信仰に注目したのは、この限りでは当たっている。しかし、「罪」を神の派遣した御子に対する「不信仰」の意味だとする定義は、今や伝統的な贖罪信仰の文脈、すなわち東の言う「神殿供犠」（ἱλασμός）の文脈における定義、つまり律法違反という定義からほぼ完全に離脱しているのである。この点はIヨハネ書にモーセ律法をめぐる問題がほとんど完全に欠落していることから明瞭である。「神殿供犠」（ἱλασμός）という伝統的な贖罪信仰の器（用語）を使いながらも、それに盛っている「罪」の内容がまったく別のものとされているのである。それはヨハネ福音書が「人の子」という伝統的な黙示思想の器を使いながら、それを神の子イエスの到来へ前倒しし、彼が受肉を含む「全時的」な存在であることを新しく言い表したことと似たところがある。ただし、Iヨハネ書の著者は福音書のそのような「人の子」の用法を理解せず、伝統的な贖罪信仰の器に先在の神の子の受肉を盛ったのである。その明瞭な証拠がIヨハネ書四章10節である。

> 愛は私たちが神を愛したことにあるのではなく、神が自ら私たちを愛し、そのひとり子を遣わして私たちのための贖いの供え物（ἱλασμός）として下さったことにある。（大貫訳、岩波版新約聖書）

Iヨハネ書は、「罪」を「受肉」の神の子に対する「不信仰」とする新しい定義に加えて、「罪」に該当するかどうかを、信徒の具体的な生活次元を視野に入れながら、「場合ごとに」決定してゆく発想法、要するに決疑法《カズイスティック》的な思考へも傾斜を深めている。この点は、「罪」を「生活資産」の使い方と関連づける三章17節、「死に至る罪」と「死に至らない罪」を区別する五章16－17節など

（164）東よしみ、『新約学研究』第四九号、八五頁。

に典型的に現れている。

原始エルサレム教会発の「贖罪信仰」がパレスチナより西の地中海世界に広まっていったとき、「罪」の定義規準はモーセ律法から脱却し、キリスト教道徳へ、やがては「キリストの律法」と呼ばれるものに変わっていった（本書I五参照）。Iヨハネ書は牧会書簡、公同書簡、使徒教父文書などからも読み取られるそのプロセスの真只中にいるのである。そのプロセスの中へしかるべく位置づければ、三浦と東の見解はどちらも妥当なのである。

「キリスト信仰の要諦」としての「贖罪信仰」という見方もそのプロセスから芽生えて行った。それは「贖罪信仰」が「教理」化されていったプロセスに他ならない。次節では、この教理化が内包する神学的な根本問題について考えておかねばならない。

## 三　「贖罪信仰」の教理化が孕む問題

私は先にキリスト教の贖罪信仰が、生き残った者たちが死者の死に対して行う事後的な意味づけ、つまり解釈である点で、高橋哲哉が言う「犠牲の論理」と同じであることを承認した（本書二二四頁参照）。高橋の論を読みながら、私の脳裏に去来したのは、F・フォイエルバッハ以降の「宗教批判」の言説だった。それはその後も、たとえば「あらゆる宗教と哲学は、心理的、技術的、社会的形態での範型（モデル）を現実に投影して、それに**本来は不在の意図性を付与するものだ**」という論に現れている。[165] G・タイセンは、早くからこの宗教批判に逆らって、宗教を独自に定義し直してきた。すなわち、人間には、ちょうど弾かれた一本の弦に隣の弦が共振するように、まったく志向性や意図性なしに現実と共鳴（共振）することがあり得ると言う。宗教とは、意識的にその共鳴（共振）を可能としている現実性全体の根源に立ち還って、それと関わろうとする試みに他ならない。その後タイセンは現在まで、この定義に基づいて、「共鳴の神学」と名付けて独自の神学を構築してきた。[166]

他方で、青野太潮がこれまで一連の著作で解明に努めてきたのも、私の見るところでは、パウ

（165）例えば、E. Tropitsch, Vom Ursprung und Ende der Metaphysik. Eine Studie zur Weltanschaungskritik, Berlin 1958. 私自身はこの著作を未見である。友人 G. Theißen（ハイデルベルク大学名誉教授）の要約による。もっとも最近のところでは、40 Jahre Arbeiten zum Neuen Testament 1969-2009. Ein Werkbericht über meine Arbeiten, in: Ders., Von Jesus zur urchristlichen Zeichenwelt, „Neutestamentliche Grenzgänge“ im Dialog, Göttingen 2011, 15-68, ここでは特に 16. ただし、**ゴチック体**は大貫による。

（166）G. Theißen, Argumente für einen kritischen Glauben oder: Was hält der Religionskritik stand? 1978. 邦訳は『批判的信仰の論拠——宗教批判に耐え得るものは何か』、荒井献・渡辺康麿訳、岩波書店、一九八三年。「共鳴の神学」については、最近の論文集 Resonanztheologie. Beiträge zu einer polyphonen Bibelhermeneutik, Bd. 2: Gott - Christus - Geist, Berlin, 2020 を参照。

ロの「十字架の神学」が生前のイエスとの――イエス自身の意図や志向からまったく離れたところでの――共鳴経験に他ならないことの論証である。私は『週刊読書人』二〇二一年一月二九日号に「イエスの最期がパウロに呼び起こした応答」と題して、前掲の青野の新著に対する論評を寄せた。そこで私が次のように書いているのは、今述べたタイセンの「共鳴経験」との符合をそこに見たからである。

生前のイエス自身には「贖罪死」への意図は皆無だった。最期の十字架上の絶叫は事前のシナリオなしの、リアルな恐怖と苦悩から出たものだった。パウロはその無残な最期に、神の逆説を感じ取った。それは、イエスの十字架が彼の外側で起きた志向性ゼロの出来事でありながら、意図せざる形で、パウロの内面に呼び起こした応答である。このあたりの著者の論述には、弾かれた一本の弦が隣の弦を「共振」(共鳴)させることを想わせるものがある。その時、イエスの十字架は、パウロにとって。根源的な罪(エゴイズム)に呪われてきた自分に向かって、神が発した「ゆるし」だった。それをパウロは「御子が私に啓示された」、「わたしは復活したキリストを見た」と言い表す。

パウロは自他共に認める熱烈な律法主義者として、律法を軽視するキリスト教徒を迫害していた。イエスの十字架の最期はそのパウロから見れば、「木にかけられた者」（申二一23）として「律法に呪われた」者だった。ところが、今やすべてが一転する。パウロは自分自身もそのイエスと同じように「律法の呪い」の下にあることに気づくのである。自分の律法への熱心そのものの中にこそ、律法を道具にして他者に勝ることで他者を淘汰しようとする根源的なエゴイズムが巣食っているのではないのか。淘汰される他者の犠牲の上に自己実現を図っている自分こそ、根源的な罪に囚われた者なのではないのか。無数の「場合ごと」の条項（誡め）に細分化された律法こそ、その根源的な罪へと誘う道具となって、私を捕らえて離さない力なのではないか。パウロはそのことを「罪は誡めによってきっかけを得て、私を欺き、その誡めによって、私を殺した」（ロマ七11）と言い表す。

この気づきにおいて、パウロは「律法に呪われて」十字架にかけられているイエスに共振したのである。明らかに彼はこの共振体験をもって一つのメタ・レベルへ超出したと言えよう。律法への熱心のあまり、それを軽視する者たちを批判し、迫害し、淘汰する次元から、当の律法への熱心そのものに内包されたエゴイズムの抉り出しへの超出である。私の偽らざる感想では、この種の超出は誰にでも起きることではない。それはパウロのような第一級の思考力の人物にして初めて可能だった。当然ながら、後代へのその継承は困難であった。

それでは、パウロ以前に原始エルサレム教会で最終的に定式化（Ｉコリ一五3ｂ－5）されていた贖罪信仰については、どうなのか。そこでイエスの死に対して行われている意味づけには、生前のイエスへの共鳴経験と呼び得るものは皆無なのか。

ここで本書の第I章一 ― 四節の論述をもう一度思い起こそう。Iコリント書一五章3b ― 5節で定式化されている贖罪信仰は、たしかにきわめて古いものに違いないが、伝承史の発展の最初にあったものではなかった。むしろ、それ以前の段階から始まっていたイエスの死に対する救済論的・贖罪論的解釈を総括するものであった（本書I三、本書四四 ― 四八頁参照）。その救済論的・贖罪論的解釈にも先立つさらに古い段階では、エルサレムの原始教会は何よりイエスの刑死の必然性を確認するだけにとどまっていた。その証拠は、最古の受難物語伝承が受難のイエスを一群の詩篇に即して「苦難の義人」とみなしていることであった。「苦難の義人」が神に訴えるのは、何よりも自分が置かれた苦難からの救出である。彼は自分の「罪」を告白することはあっても、決して他者の「罪」を贖う者（贖罪者）ではない（本書I一、二七頁参照）。なぜ最古の受難物語伝承は、そのように差し当たりイエスの刑死の必然性を確認するだけにとどまり、直ちにその救済論的・贖罪論的な意義の探索に進まなかったのか。その理由は、彼らが待望する真の救いは、生前のイエスが語り伝えた「神の国」、そして来るべき再臨の「人の子」イエスが実現させるはずの「神の国」にこそあったからである。イエスの死と復活はその来るべき救いを担保する前提ではあっても、その救いそのものではなかったからである（本書I二、三八頁参照）。イエスの十字架上の苦難が、彼が生前宣べ伝えてきた「神の国」の挫折を意味するものではなく、初めから神の救済計画の中に組み込まれていたこと、つまり必然性の論証がそのために必要だったのである。ここには、人間イエスの十字架上の苦難への共鳴が認められてしかるべきであろう。

イエスの苦難への共鳴の上で初めて、原始教会はその苦難に含まれる救済論的な有意義性の議論、つまり贖罪論的解釈へ進んだのである。その担い手はペトロを筆頭に、生前のイエスの言動をよく承知していた直弟子たちであった。たしかに生前のイエス自身に「贖罪死」の意図は皆無だった。しかし、その言動はモーセ律法を道具にして人間を「ふるい」(淘汰)にかけることを激しく批判して止まなかった。生き残った直弟子たちはそのことをよく承知していたはずである。もちろん、彼らはパウロのような知識人ではなく、ごく普通の生活者であり、庶民だった。彼らが無意識の内に身につけていた価値規準は、無数の条項に「場合ごとに」運用される律法だった。その規準で測られたら、彼らはすべて例外なく「淘汰」されてしかるべき「罪人」であった。彼ら自身がそう自覚していたにちがいない。彼らにとっては、生前のイエスの言動は「わたしたちのため」の言動であり、その刑死はその帰結であった。すなわち、イエスは「わたしたちのため」に身代わりになったのである。ここには、自分が現に在ることが他者の犠牲の上に初めて成り立っていること、言わば受動的エゴイズムへの気づきがある。[167]

だからこそ、パウロもエルサレム原始教会の贖罪信仰の定式を継承した(Iコリ一五1参照)。しかし、前述のように、自分自身の律法への熱心そのものの中に巣食うより能動的なエゴイズムに気づいていて、「律法の呪い」というメタ・レベルの共鳴経験へ突き抜けていった。しかし、ごく普通の庶民であったペトロ以下のエルサレム教会の指導者たちにとっては、イエスの刑死が自分たちのための身代わりの犠牲であったことに良心の呵責を感じたものの、パウロと同じメタ・レベルへ突き抜けるには至らなかった。あるいは、月本昭男の言葉を借りれば、「存在の破れ」と言い表すには至らなかった。むしろ、彼らの「罪」の言い表しは「場合ごとに」運用される律法という自明の価値規準の枠内にとどまり、イエスの死の贖罪論的意味づけも、その枠内（レビ記一六章）から行われた。決疑法的に運用される律法の拘束力にメタ・レベルで疑問符が付されることはなかったのである。[168] それは、同じ価値規準を身につけて生きる同時代のユダヤ教社会の庶民たちには、パウロの十字架の神学と比べてはるかに受け入れやすかったにちがいない。

しかし、エルサレム教会の贖罪信仰も実際にはそのままの形では後代に継承されなかった。なぜなら、キリスト教がパレスチナから西の多かれ少なかれヘレニズム化した地中海世界へ拡大してゆくにつれて、モーセ律法そのものが価値規準として継承されなかったからである。「罪」は今や別の規準によって定義されねばならなかった。この点はすでに繰り返し述べたとおりである。重要なのは、その際イエスの苦難の贖罪論的意義そのものも、原初の当事者たちのもともとの経験から離脱して、「上からの」意図へ移されて行ったことである。この移動こそ「教理化」に他ならない。イエスの贖罪死全体が「神の」行動、「神の」意図の啓示として解釈し直され、信仰の**対象サイド**へ「丸投げ」(Verobjektivation) されるのである。その結果、イエスの死は神の意図性・志向性に満ち溢れた出来事となる。イエスは神の独り子として神の意図を実現するために行動する主体となり、彼の受難は意図的な自己放棄・自己犠牲となる。イエスには「自分で命を捨てることも、再びそれを受けることもできる」(ヨハ一〇15、17、18) のである。人間を主語とする「信じる信仰」(*fides qua creditur*) に代わって、「信じられる信仰」、つまり「対象」としての信仰 (*fides quae creditur*) が優勢になる。人間が「下から」到達する信仰 (*fides ad quam*) に代わって、「上なる

(167) G. Theißen, Das Sterben Jesu „für uns" (前注に掲出した Resonanztheologie, 269-289 に収録) もほぼ同じ意見である。浅野淳博『死と命のメタファ —— キリスト教贖罪論とその批判への聖書学的応答』、新教出版社、二〇二二年が「犠牲」というメタファーが担う「啓発主題」と呼ぶものも、私の見るところでは、この認識を喚起することと同じである。前出注160を付した箇所での月本昭男の「存在の破れ」発言も参照。月本と同じように浅野の場合にも、その「啓発主題」にとって「贖罪論」という伝統的な日本語はどこまで適合するのか、と問わねばならない。たしかに、この用語に含まれる「罪」は今や的確に定義されることになるが、「贖」という動詞についてはどうなのか。この動詞は不可避的に罪の責任を人間から取り除くという「移行主題」を連想させる。浅野には「贖罪論」に代わる新しい文言の提案があってしかるべきではないか。

(168) この点についてより詳しくは拙著『イエスの時』、岩波書店、二〇〇八年、一四七頁以下を参照。

意図」から出発する信仰（*fides a qua*）が優勢になると言ってもよい。今や、贖罪信仰は「信じられる信仰」、「上なる意図」から出発する信仰として言い表されてこそ、「キリスト教信仰の要諦」なのである。

「信じられる信仰」、「上なる意図」から出発する信仰では、神あるいはキリストがすべての出来事の主語となる。その信仰では、神あるいはキリストは「永遠」の存在、つまり万物に先立つ存在である（ヨハ一1）。したがって、すべての出来事は初めから神・キリストの意図と志向の下にある。そうであれば、イエスは自分が贖罪の死を死ぬことを生まれる前から知っていて当然である。その結果、この思考法からは、イエスは「シナリオのすべてが分かっておりながら、それにもかかわらず絶叫しているような『役者』[169]になり、「イエスさまは、自分は死ぬために生まれてきたのだということを知っていて、その上で事実そのように生きてくださったのだ」などという言説が生み出される。いみじくも青野はこのような思考法を「アンリアルの最たるもの」だと痛烈に批判している。[170]

人間の経験を離れて教理化した思考法がアンリアルな帰結を生み出す例は、贖罪信仰以外にもしばしば認められる。私が見るところでは、ヨハネ福音書のキリスト論をめぐるR・ブルトマンとE・ケーゼマンの間の有名な論争も根本的には同じ問題を抱えている。それは一言に要約すれば、「下からの信仰」・「信じる信仰」を無化して、「上からの信仰」・「信じられる信仰」だけにしてしまう思考法であり、そうしてこそ信仰者のあるべき思考法だとする神学である。そのような神学では、当初の当事者たちが人間としてたどった経験は隠れて見えなくなる。[171] もちろん、当初の当事者たちの経験がすべてではない。彼らの解釈が含む意図性と志向性を超えて、現実性全体の根源と関わらねばならない。しかし、「出来上がったもの」、「すでにそこにあるもの」、つまり「教科書」に飛びついて、「出来上がるまで」の当事者たちの経験が忘却されるところでは、それはまことに覚束ない。

---

（169）ギリシア語ではhypokritêsで「偽善者」も意味する。

（170）青野太潮、前掲書、一二八－一三〇頁参照。小原克博「犠牲の論理とイエスの倫理」、『福音と世界』二〇一八年三月号六－一一頁、特に九頁下段も参照。

（171）この問題については、私はすでに別のところで詳細に論じている。大貫隆『イエスという経験』、二三〇頁（岩波現代文庫版、二七二頁）、『聖書の読み方』、岩波新書、二〇一〇年、一三八頁、「聖霊の吹いた「跡」をたどる――ヨハネ福音書によせて」、『善太先生「聖霊論」を語る』（渡辺善太著作集14）、ヨベル新書、二〇一九年、三－二四頁所収。Hermeneutische Didaktik des Heiligen Geistes. Ein Essay zu Joh 14,26, in: Bibel-Didaktik-Unterricht. Exegetische und Religionspädagogische Perspektiven. Festschrift für Peter Müller und Anita Müller-Friese zum 70. Geburtstag, hrsg. von P. Freundenberger-Lötz/ A. Wiemer/ E.J. Korneck/ A. Südland/ G. Wagensommer, Kassel University Press 2021 (Beiträge zur Kinder- und Jugendtheologie, Bd.48), 56-70.

## 四　現実性全体の根源への問い

内村鑑三が天譴論と呼ばれる贖罪信仰を展開したのも、関東大震災という未曾有の経験を経てのことであった。それは、高橋哲哉がいみじくも指摘したとおり、出来事に事後的に加えられた意味づけ、つまり解釈であった。大震災それ自体には志向性は無《ゼロ》であったことを、内村自身が次のように述べている。

天災は読んで字の通り天災であります。即《すなわ》ち天然の出来事であります。之《これ》に何の不思議もありません。地震は地質学の原理に従い、充分に説明する事の出来る事であります。地震には正義も道徳もありません。縦《よし》、東京市は一人の悪人なく、其《そ》の市会議員は尽《ことごと》く聖人であり、其の夫人雑誌は尽く勤勉と温良と謙遜とを伝うる者であったとするも、地震は起こるべき時には起こったに相違ありません。[172]

内村のこの端的に無志向的な自然観は、前節の最後で触れた「現実性全体の根源」と、どうかかわるのだろうか。「現実性全体の根源」とは前述のG・タイセンの宗教理論の言葉を借りたものであるが、キリスト教の伝統的な用語（解釈）では「万物の創造者としての神」のことである。「自然」は、キリスト教信仰の視点からは、「自然」ではなく、「被造物」であり、創造主である神によってそうあらしめられている言わば「他然」である。内村の天譴論はどのような創造論と結びつくのか。内村とは本書をきっかけに初めて出会ったばかりの私には、これは今後に残された問いである。

青野の場合は、創造論との関連は明瞭に意識されている。

（「すばらしさ」と自然災害のような「恐ろしさ」という）両面が「ないまぜ」になった形で内包されている**神の創造のわざ**……はそれ自体で「神の逆説的な生命の法則」として「肯定」されているのであって、もはや神ご自身は恣意的にその法則のなかに「介入」するようなことは絶対になさらない、という決断をされたのだ、ということです。[173]

しかし、ここで断言されているように、「もはや神ご自身は恣意的にその法則のなかに『介入』

（172）内村鑑三「天災と天罰および天恵」（前出）。ここでは高橋哲哉、前掲書、一一七頁による。
（173）青野太潮、前掲書、一四－一五頁（傍点は大貫）。

するようなことは絶対になさらない」のだとすれば、現におそろしい災害が繰り返される自然界、すなわち神の創造のわざの行方はどうなるのか。言い換えれば、神の創造のわざである万物の歴史の行方は、どう考えればよいのか。イエスの十字架上の苦難に神は現臨し、それに自分を一体化された。そのイエスを死から復活させた後も、「十字架につけられ給しまま」の顔をさせている。[174] 神は復活のイエスとともに、人間と世界の苦難に寄り添い続ける神である。だとすれば、普遍史の終わりには、その神が「神たること」はどう現れるのか。青野においては、この終末論の問いが大きく未決のまま残されているように感じられる。[175]

そう言えば、必ず「あなた自身はどう考えるのですか」という声が返ってくるに違いない。私自身は、本書でも繰り返し引照した拙著『終末論の系譜』の最終章「神も途上に」(五一八頁以下)で、すでにこの問いに対する一応の解答を提示している。しかし、それはまさに手探りの解答だった。研究者というものは、良心的であればあるほど、いろいろな先行研究を隈なく跋渉し「いろいろ調べ」、その上でさまざまなことを述べたり、書き下ろすのに忙殺されるものである。しかし、その最後にはいつも、「あなたのお調べになったことはよく分かったが、あなた自身はどうお考えなのですか」という問いかけには、積極的に答えないまま終わってしまうことが少なくない。そのような積極的な答えは容易には語れず、五里霧中、しどろもどろの手探りで進む他はなくなるのが目に見えている。ましてや、論題が『終末論の系譜』の最終章「神も途上に」のように、普遍史の行方ともなれば、それはなおさらのことであった。案の定、その後間もなく、アマゾンのカスタマー・レビューに、その点こそ「もっと徹底的に論じて欲しかった！」という論評が載った。「さもありなん」、これが私の率直な感想だった。

その後二〇二二年一一月に、日本聖書学研究所の公開講座が「終末論の行方」という統一テーマの下にオンライン方式で開催された。私は新約聖書部門の講演を依頼されたのを機に、アマゾンのそのレビューアーの要望に、少しでも答えたいと考えた。そこで、「神も途上に・再考」と題

(174) 青野の「十字架の神学」には、復活による死の克服の問題が欠落しているという批判が少なくない。たとえば、芳賀力、前掲講演の事前配布資料七頁。しかしこの批判は実態に即していない。青野が復活の問題を重視していることは、繰り返し「十字架につけられ給しままなるキリスト」を強調することに明らかである（前掲書、二一頁、さらに『「十字架につけられ給しままなるキリスト」』、コイノニア社、二〇〇四年、一九七、二〇〇頁も参照）。それはパウロの場合、ヨハネ神学のように、復活が栄光のキリストに直結していないことを指摘するものなのである。

(175) 青野はすでに修士論文（一九七〇年、東京大学大学院人文科学研究科西洋古典学専門課程）でパウロの終末論を主題として選んでいる。現在は、その一部が加筆訂正の上で『最初期キリスト教思想の軌跡——イエス・パウロ・その後』、新教出版社、二〇一三年、四〇三－四四七頁に収録されている。しかし、この論考全体が「神の不介入の決断」について青野が語るようになる前のものである。本文に記した問いが未決のまま残っていると私が言うのはそのためである。

する講演を行った。その講演は大きく二部に分かれている。第I部は、『イエスという経験』（岩波書店、二〇〇三年）以降『終末論の系譜』（筑摩書房、二〇一九年）を経て『イエスの「神の国」のイメージ』（教文館、二〇二一年）までの自分の史的イエス研究を振り返るものである。第II部は、「私たちは〈今ここで〉どう考えるか」と題して、私自身がどう考えるのかを積極的に提示しようという試みである。その第II部の中で、本書の目下の第VI章と重複しない部分を、以下に補論として再録させていただく。講演時から本書にいたるまで時間が経過する中での事情の変化に即するために若干の変更を加えたことと、いくつか註を追加した他は、ほぼ講演時の本文のままである。[176]

## 五　補論――神も途上に・再考

私は『終末論の系譜』の最終章を書くに当たって、G・タイセンと意見交換を繰り返した。その後、彼の最近の著作『新約聖書のポリフォニー――新しい非神話論化のために』を翻訳する作業[177]を通してまた新たに啓発された。その点を加えて、『終末論の系譜』の最終章で述べた私の考えを再考してみたい。

私はそこで、神の創造のわざを太古に一回的に完結したのではなく、来るべき未来における完成までの普遍史全体を貫いて連続するものという見方に賛成した。私はこの点で基本的にエイレナイオスに従っている。しかし、その普遍史の全体が常に同一不変の神の摂理によって支配されているという彼の見方には賛成しない。その見方では、普遍史全体が必然性に支配されることになり、悲惨な自然災害も例外ではなくなってしまうだろう。神の連続的創造としての普遍史は、まさに逆に偶然性につきまとわれていると考える他はない。神はその偶然性を引き受ける決断をしたと見る他はない。それが青野の言う「神の不介入の決断」の意味なのだろうか。仮にそうだとしても、神はその後の普遍史に「不介入」なのではなく、むしろその全体を貫いて自分が始めた創造のわざに関わり続けている。そう見るべきだと私は思う。

宇宙万物の歴史は偶然性につきまとわれ、必然性のカテゴリーでは説明し切れない。これは、八木誠一によれば、現代の自然科学的宇宙論の見方でもあると言う。生物の進化も気候の変動や、地球と小惑星の衝突のような危機的状況のなかで、幾度も滅亡に瀕しながら、創造的な危機克服として起ったと言われる。[178] G・タイセンもおそらく同じ進化論を承知した上で、「世界の中にあるも

(176) 講演原稿は若干の補正の上で、『聖書学論集』(日本聖書学研究所編)、五四号(二〇二三年)、一二一―一四二頁に収録されている。その他、日本聖書学研究所のHPでも参照可能である。
(177) 大貫隆訳、教文館、二〇二二年。
(178) 八木誠一『回心――イエスが見つけた泉へ』、ぷねうま舎、二〇一六年、一〇一―一〇二頁。

のはすべて試行錯誤（trial and error）によって現実の根本条件に適合して行く」と言う。そしてその適合を、生命、文化、世界宗教の誕生という三ステップに分けている。すなわち、①生命の乱雑性（エントロピー）が過剰になると、生物の生存競争（淘汰）がその減少化を図る。②本来の文化は、その淘汰を減少させ、弱者にも生存のチャンスを保証するための進化であった。しかし、やがてその文化も過剰になると生命を抑圧するものとなる（たとえば、律法主義）。③世界宗教（聖書とイエスはその一部）は「淘汰に逆らう進化」（Antiselektive Evolution）である。進化そのものが進化して行く。[179]

タイセンもエイレナイオスを明示的に参照指示している。しかも、自分のこの見方がパネンベルクの普遍史の神学を進化論的に補正したものであることを自認している。[180] そのパネンベルクはエイレナイオスから大きな示唆を受けている。そのエイレナイオスに、すでに人類の進化の観念が明瞭に見て取れる。すなわち、人類は堕罪を越えて、「神の似姿」と「神との類似性」を具現した存在へ進化して行くと言う。

神の創造のわざをこのように全普遍史に延伸されたものとして捉え直すことは、全被造物がどこか途中の特定の時点で永遠に完成されるわけではないことを意味する。神はあらゆる瞬間に被造物を、新しい別のあり方へと投企し、その実現のために働いている。その試行錯誤の始まりは、すでに創世記の冒頭で語られているのではないか。そう思って私はその本文を改めて読みなしてみた。以下、「私にはこう読める」ところを述べてみたい。

創世記一章1節は、神がはじめに「天と地」、つまり宇宙を創造したと言う。それ以前に、中期プラトン主義が言うような「質料」が在ったのか、なかったのかについては、何も言われていない。まったくの「無」であったとも言われていない。この意味で、*creatio ex nihilo* という有名な成句は無造作に創世記一章1節には当てはまらないように思われる。続く一章2節が「地は空漠と

興味深いことだが、すでに一九〇七年のアンリ・ベルグソンの著作『創造的進化』に、その表題が示すとおり、原理的には同じ見方が認められる。――「完璧な定義というのは、すでにできあがった現実にしか適用されないものである。これに対して、生というものの特性は決して十全には実現されることがない。それ（生）はつねに実現の過程にあるものなのだ。それは状態ではなく、むしろ傾向なのである。そして傾向というものは、他のいかなる傾向からも抵抗を受けないときにしか、自らが向かおうとする先に十全に到達することはない。生命の領域において、どうしてこのような事態が起こりえようか。生命の領域というのは、〔……〕いつだって相互に背反的なさまざまな傾向が入り組んだ領域なのだから。」（訳文は森山工『贈与論の思想――マルセル・モースと〈混ざりあい〉の倫理』、インスクリプト、二〇二二年、二七五―二七六頁による。）

（179）G. Theißen, Von Jesus zur urchristlichen Zeichenwelt, Göttingen 2011 (NZOA 78), 205.

（180）早くは Glaubenssätze. Ein kritischer Katechismus, Gütersloh 2012, 44、注33、その後の前掲『新約聖書のポリフォニー』一二、二四、二〇八―二〇九、二三七、二三八頁も参照。

して、闇が混沌の海の上にあった」と言うときにはじめて、その無秩序の偶然性のことを「無」と呼べるかも知れない。神はその偶然性から秩序を作り出そうと企てる。一章31節は、その結果は「きわめてよかった」と述べる。もし話がこれで完結するのであれば、宇宙万物は神の「最も完璧な作品」だと見たフィロン（『世界の創造』§9）が正しかったことになる。

ところが、創世記のその先は、神の最初の創造のわざが完璧ではなかったことを物語る。そこにはどこからとも知れず、食べてはならない「汚いもの」が生き物の間に、「悪しきはかりごと」が人間の心に入り込んでくる。その悪の起源は根本的には説明されないままである。神は自分が作った地の生き物を一掃し、それまでとは違う在り方を投企する（創八21－22「人に対して大地を呪うことは二度とすまい。人が心に思うことは、幼いときから悪いのだ。わたしは、この度したように生き物をことごとく打つことは、二度とすまい。地の続くかぎり、種蒔きも刈り入れも、寒さも暑さも、夏も冬も、昼も夜も、やむことはない。」）。創世記に続く預言書と黙示文学までの思想史においても、神は繰り返し、「見よ、わたしは新しい天と新しい地を創造する」と宣言する（イザ六五17、六六22、第四エズ七75、エチ・エノ九一16他）。

聖書の神は、グノーシスの神と異なり、被造物なしの神ではあり得ない。この意味で、偶然性（無）の中から宇宙の秩序（有）を創造するわざは、神が自分自身を投企する行動でもある。それは特定の在り方で完結せず、絶えず試行錯誤を繰り返す。だからこそ、それは神の自由を意味する。なぜなら、偶然性を乗り越えようとする試行錯誤だからである。G・タイセンは神のこの自由をブルトマンの実存理解と統合して、次のように言う。

今、人間が実存的決断によって「無からの有の創造」(*creatio ex nihilo*)を遂行するとしてみよう。つまり、先行するどんな要因によっても決定されていない行為を遂行するとしてみよう。そのとき、その人のその行動は、目の前の現実そのものが現にそこにあるのと同じように偶然的である。その人の「現存在の偶然性」と「実存の投企」は根拠づけが不可能である。それは現実そのものの根拠づけが不可能であることに対応する。すべてのものにとって、存在しないことも、今とは違った仕方で存在することも可能なのだ。……

いみじくも聖書は、人間の実存的真理と宇宙の存在根拠の間のこの符合を指し示す一つの印象深い比喩を知っている。それは神の似姿としての人間という比喩である。神が万物を無から創造したように、人間も決断によって自分の実存を実現するとき、無から有を創造するのである。万物が現にそこに在ることは根拠づけ不可能で、偶然的である。人間が自分の実存を実現してゆくために行う決断が根拠づけできないのも、それとまったく同じなのである。[181]

(181) G・タイセン『新約聖書のポリフォニー』(前出)、六三―六四頁。

人間が「神の似姿」（創一26）であれば、神は人間の「原型」である。人間が新しい在り方を投企し、行動することで自分の現存在の偶然性（世界の中へ生まれてしまっている自分）を乗り越えるように、神も偶然性の直中で試行錯誤の創造という行為を続けていく。その行為は、「神とは一体何者なのか」という問いに跳ね返って、それを左右する。この点で「行為《プラクシス》」は「制作《ポイエーシス》」と異なる。そのことを哲学はすでに早くから指摘している。たとえば、哲学者ハンス・ヨナスは、私が邦訳を手がけた『グノーシスと古代末期の精神』の中で、それをこう敷衍している。

制作（Poiêsis）の遂行は一定の外的な事物を造り出す。したがって、制作は自分自身の外部にある対象〔作品！〕を目標としている。それに対して、行為（Praxis）の遂行は、その行為の主体そのものを実現するのである。なぜなら、主体の存在はそのような遂行の中にあり、主体の善性はその遂行の完全さに他ならないからである。[182]

「制作（Poiêsis）の遂行は、その行為の主体そのものを実現する」のだとすれば、普遍史を貫いて働き続けている神も、さまざまな危機に直面しながら、自らの主体を実現しつつあると考えることができる。行為主体である神は、今なお自己を実現する途上なのである。そこでは、神が何者であるかの問いも未決のままにとどまらざるを得ない。その理由は、ただ単に太陽が人間の視力を超越するように、神が人間の認識を超越するからではない。むしろ神の自己投企そのものが未決だからである。そのことをヨハネ福音書のイエスは、「(私が安息日にも働くのは)父が今なお働いている」(五17)からだと言い表している。

信仰者はその未決の未来を「待つ」ことができる。なぜなら、神はこれまでの危機克服の中で、すでに一度自らを私たちに啓示しているからである。その危機とは、ナザレのイエスが「神の国」を宣べ伝えた最期に十字架上に処刑された時である。「神の国」は、タイセンが喝破したように、歴史的・文化的な意味での「突然変異」の一種だった。「淘汰」に逆らって抵抗し、弱いもの、および「不適合なもの」と連帯する神の働きだった。その働きが十字架上に挫折しようとしたときに、神は十字架に架けられたイエスと自らを一体化し、イエスを死から甦らせた。死は人間にとって偶然性の真逆、必然性の極みである。その死を神が「最後の敵」として滅ぼして、「すべてのものにおいてすべてとなる」(Iコリ一五28)のは普遍史の終わりにおいてである。神の自己投企は普遍史の終わりから完成する。それは神の似姿である人間一人一人の本質がそれぞれの個人史の途中では決まらず、終わりから決定されるのと並行している。「最後の審判」がまさに「最後の審

(182)ハンス・ヨナス『グノーシスと古代末期の精神——第二部・神話論から神秘主義哲学へ』、大貫隆訳、ぷねうま舎、二〇一五年、三四三頁(ただし、〔作品!〕は大貫の挿入)。なお、ハンナ・アーレント『活動的生』、森一郎訳、二〇一五年、第四章(制作)と第五章(行為)に、より大掛かりな論考がある。

判」と呼ばれるのは、そのメタファーである。[183]それゆえ、「待つ」ことがキリスト教信仰の本質的な態度となる。ロマ書八章18－30節のパウロが、かたや人間の「肉のからだ」が「神の子たちの自由」へ変えられること、こなた全被造物が「虚無」への服従から「解放」されて「自由」となること、この二つのことを別々にではなく、一体のものとして「待望」しているのはその証である。[184]

**【追記】**[185]

二〇二二年一一月二六日（土）の講演後に行われた質疑応答の中で、青野太潮氏が率先して私からの批判と質問に応答された。

まずペトロと「主の兄弟」ヤコブを「ユダヤ主義的」と一括するのではなく、両者を区別すべきこと（本書二〇二頁参照）については、私の批判が当たっていることを容認された。

次に本書の注175を付した箇所での質問に対しては、マルコ福音書一二章18－27節（イエスとサドカイ派の復活問答）でイエスが語る「死人の復活」は太古の族長たち（アブラハム、イサク、ヤコブ）の時以降すでに永遠の「意表をつく」現実として実現しているのだという、早くからの氏の解釈（『どう読むか、聖書』、朝日新聞社、一九九四年、一二〇頁）を再び繰り返された。

この第二点を私の言葉でさらに敷衍させていただくと、生前のイエスも青野氏も共に「死人の復活」――およびそれを含む「神の国」のメッセージ――を意識的かつ本格的に非神話化しているのである。その非神話化が向かう中心を青野氏は故滝沢克己の言葉を借りて「第一義のインマヌエル〔神われらと共にいます〕」と言い表す。それは太古から無条件ですべての人間の脚下に実現している現実である。とりわけパウロにとってそうであって、「死は勝利に呑み込まれた。死よ、

(183) パネンベルクの組織神学はそれを「終末論的存在論」(Eschatologische Ontologie)という文言に概念化している。W. Pannenberg, Offenbarung als Geschichte, Göttingen, 4. Aufl., 1970, 97; Grundriß der Christologie, 5.Aufl., Gütersloh 1970, 426. ただし、この概念は第五版への補論(414 – 426頁)にのみ現れる。他方、この著作には邦訳があるが(W・パネンベルク『キリスト論要綱』、麻生信吾・池永倫明訳、新教出版社、一九八二年)、一九六四年の初版を底本としているため、第五版への補論に相当する部分を含んでいない。したがって、「終末論的存在論」という概念も現れない。しかし、第五版への補論で初めて現れる「終末論的存在論」が指す事柄そのものは、初版以来の本論部でも繰り返し論述されている(134-135, 331- 332, 407-408頁=邦訳一五四 – 一五五、三八八 – 三八九、四七七 – 四七八頁)。

(184) この待望は相対主義とは無縁である。相対主義は複数の可能性を目の前にして、そのいずれも信頼しないことである。

(185) 前述の日本聖書学研究所二〇二二年度公開講座における私の講演「神も途上に・再考」は、『聖書学論集』五四号(二〇二三年)、一二一 – 一四二頁に改稿の上で収録されている。以下の【追記】はすでにその末尾に付された【追記】を本書の文脈に合わせてさらに改稿したものである。

汝の勝利は何処《いずこ》にあるのか。死よ、汝の刺《とげ》は何処にあるのか」（Ⅰコリ一五54－55）という神の勝利への確信が今現にパウロの「最終的な言葉」である（『どう読むか、聖書の「難解な箇所」』、ヨベル、二〇二二年、二四四頁）。したがって、青野氏によれば、将来の普遍史の終わりに「被造物のうめき」（ロマ八22）がどう解決されるのかという問いも、その永遠の現実によって、すでにアクチュアリティー（現実性、今日性）を失っていることになるわけである（同著二六二頁）。

それに対して私の見立てでは、前述の講演でも述べたとおり、イエスは非神話化に臨界していたが、古代人ならではの神話論的イメージを隈なく突破していたわけではなかった（『聖書学論集』五四号、注4を付した箇所参照）。私はこの見立てに基づいて、その後「イエスの『神の国』のイメージ・ネットワーク」論を提起し、彼の最後の絶叫をその破綻の理由を神に問うものだったと解釈した。私のイエス研究の企図は、まずイエスが古代人として知っていた神話論的イメージを新たなネットワークに組み直していること（言わば再神話化）を明らかにして、その上でその全体を現代に生きるわれわれの「今ここへ」非神話化する道を模索することであった。Ⅰコリント書一五章54－55節も、今すでにパウロの「最終的な言葉」になり切っているわけではなく、普遍史の終わり（Ⅰコリ一五52「最後のラッパが鳴る時」）へ向かう終末論的視線の中に係留されている。その事実を無視できないと私は思う。

私の前述の見立ては、そもそもの発端において、マルコ福音書一二章18－27節についての青野氏の前述の解釈に触発されたものであった。この点はすでに『イエスから初期キリスト教へ――新約思想とその展開』（青野太潮先生献呈論文集、リトン、二〇一九年、二五－四三頁）に寄せた私の論考「イエスと初期ユダヤ教神秘主義」で報告済みである。私は青野氏との差異に当初から気づいていたが、それを十分に明文化はしてこなかった。今回の質疑応答はその違いを浮き彫りにできた点で私にとっては画期的であった。

## あとがき

本書の趣旨は「はじめに」で述べたとおりである。そこで私は現在わが国で「贖罪信仰」をめぐって活発に交わされている議論のすれ違いに触れ、最終章でも改めて同じ問題を取り上げている。しかし、それは本書の当初からの執筆目的ではなく、むしろ自然に行き着いた結果である。

当初の出発点は、私が『イエスという経験』(岩波書店、二〇〇三年)以来唱えてきたイエスの『神の国』のイメージ・ネットワークがその後(とりわけ二世紀)のキリスト教の終末論においてたどった展開を跡づけることであった。私はこれを無教会研修所主催の「聖書学習講座」において、二〇一八年度と二〇一九年度の二度にわたって取り上げ、「新約聖書の終末論(その1、その2)」と題する講義を行った。

その講義原稿は二〇一九年度の講義開始前に『終末論の系譜——初期ユダヤ教からグノーシスまで』と題して筑摩書房から刊行された。その刊行と講義全体が終了した後、私は一つの重要な問題を積み残してしまったことに気づいた。すなわち、後二世紀にヨルダン川から東側のパレスチナで展開したユダヤ主義キリスト教の諸分派では、イエスの『神の国』のイメージ・ネットワークはどのような展開をたどったのか。この問題を未解明のままにしていたのである。

この問題を新たに追跡した結果は、すでに本書で繰り返し述べたとおりである。ヨルダン川から西のパレスチナから地中海世界で展開したキリスト教ではイエスのイメージ・ネットワークは早々に後景に退いた。しかし東側のユダヤ主義キリスト教では、それは「神の国」が「人の子イエス」の来臨に変容したかたちで、なお活力を保ち続けた。ところがそれとは逆に、青野太潮氏の言う「贖罪論」の中心テクストであるIコリント書一五章3b－7節は、そこではほとんど全く引照されないのである。この事実はこのテクストがヨルダン川から西のパレスチナから地中海世界で活発に受容され伝播した事実とはまことに対照的であった。ヨルダン川の東と西でのこの二重の対照は、私自身にとっても予期しない発見だった。そこから私は改めてIコリント書一五章3b－7節が含む「贖罪論」のその後の影響史も可能な限り史料に即して丁寧に跡付ける必要を認識したのである。

そこで私は、まず日本新約学会の二〇二一年度学術大会で「ユダヤ主義キリスト教の〈人の子〉待望――原始エルサレム教会から後二世紀まで」と題する研究発表を行った（要旨が『新約学研究』49、二〇二一年に収録）。続いて、これを自由学園最高学部の研究紀要『生活大学研究』（第六巻、二〇二一年、二四－四三頁、電子ジャーナル J-Stage）に「ユダヤ主義キリスト教の終末論――原始エルサレム教会から後二世紀まで」という論文として掲載した。また、この論考も含む論文集『イエスの「神の国」のイメージ――二世紀のユダヤ主義キリスト教への影響史』（教文館、二〇二一年）も上梓した。これらの準備を踏まえた上で、二〇二二年度の無教会研修所「聖書学習講座」で行ったのが「原始キリスト教の〈贖罪信仰〉の起源と変容」という講義である。この講義では、そのタイトルも示すとおり、Ⅰコリント書一五章３ｂ－７節の「贖罪信仰」の起源と、その後それがたどった変容を時系列に沿って跡づけた。

講義タイトルに言う「起源」の掘り起こしについては、私のミュンヘン留学時代の指導教授であるＦ・ハーンの主著『キリスト論的尊称――初期キリスト教におけるその歴史』（F. Hahn, Christologische Hoheitstitel. Ihre Geschichte im frühen Christentum, 3. Aufl., Göttingen 1966）とＨ・Ｅ・テート『共観福音書伝承における「人の子」』（H. E. Tödt, Der Menschensohn in der synoptischen Überlieferung, Gütersloh 1959）を精読した。ハーンとテートはどちらもＧ・ボルンカム（Bornkamm）の教え子であり、ブルトマン学派の第三世代の双璧である。ここに示した研究書もボルンカムのもとで書かれた学位論文であり、どちらもきわめて緻密な分析と論述ゆえに難読の書である。これまで日本でこれを精読ずみの研究者はおそらく一人もいないであろう。もちろん邦訳も未だ存在しない。本書の論述が実質的には初めての本格的な紹介と言ってよいだろう。私は二つの研究を精読しながら、ブルトマンの高弟に当たるボルンカムが自分の学生たちへの指導を通して、師の創始した伝承史的・様式史的研究を一段と精密化した功績を改めて認識した。

前記の講義タイトルに言う「変容」については、私はユダヤ主義キリスト教を中心に据えた。それはナゾラ派、エビオン派、エルケサイ派など、もろもろの分派に分かれて展開した。これらの分派に関しては、エイレナイオス、ヒッポリュトス、エピファニオスなどのいわゆる「反異端論者」がグノーシス諸派と並べて行っている報告が重要な史料となる。この点では、私が早くからグノーシス研究との関連でこれらの教父についても研究と翻訳を行ってきたことが役立った。また、グノーシス研究のみならず、ヨハネ福音書研究との関連でもすでに長い付き合いとなるマンダ教文書にも、思いがけず新たな光が当たることとなった。さらに、「偽クレメンス文書」の呼称で一括される『ペトロの講話集』と『再会』、そしてそこから再構成される『ペトロの宣教集』(後二世紀)の重要性も再認識する結果になった。特に『ペトロの宣教集』は、他でもない青野太潮氏による邦訳が早くから存在したにもかかわらず、「贖罪論」の変容という観点から取り上げられることがほとんどなかった文書である。

以上のような次第で、本書は私がこれまで手がけてきた研究の主たる領域、すなわち、史的イエス研究、共観福音書およびヨハネ福音書研究、さらにグノーシス研究のすべてを横断するような論述になった。最終章は、そのような大きな視野の中で「贖罪信仰」をめぐる現代日本の議論が私にはどう見えているかを述べるために、前記の講義終了後に新たに書き下ろしたものである。

この意味で最終章は、この「あとがき」の冒頭でも述べたとおり、本書執筆の当初からの目的ではなく、自然に行き着いた結果なのである。最終章も含めて本書全体の行論がいささか大風呂敷であることは私自身も自覚している。しかし研究者は自分の探索が行き着いたところで、臆さず「私はこう思う」と述べる責任を免れない。これが最近の私の感慨である。

とりわけ最終章では、私の検索力のおよぶ範囲で、この議論に参加してこられた研究者と宣教者の名前を次々と上げ、それぞれの見解について、是々非々で私見を率直に述べさせていただいた。問題の性質上、それぞれの方の微細な議論と意のあるところを正確に理解することは決して容易なわざではない。私としては正確な読解に最大限努めたつもりであるが、もし誤解がある場合には、他意はないことに免じてお赦しいただきたい。

最後に、複数年度にわたって繰り返しオンライン講義の機会を与えてくださった無教会研修所の月本昭男所長、事務局の阿部光成さんと知久雅之さんのお心遣い、また、お世辞にも分かりやすいとは言い難かったはずの講義にお付き合いくださった視聴者の方々の熱心、そして今回もまた商機に乏しい内容の書籍の刊行を気持ちよくお引き受けくださった版元の安田正人さんに、心からの謝意を表したい。

二〇二三年七月

大貫　隆

## Ⅷ　グノーシス文書



## Ⅸ　コーラン

### ローマの信徒への手紙



### コリントの信徒への第一の手紙



### コリントの信徒への第二の手紙

**使徒言行録**

## ルカによる福音書



## ヨハネによる福音書

## 引照箇所索引

（例：引照箇所表示 1,1 は本文中では、一 1 や一章 1 節、一編 1 節を示す。）

### I　旧約聖書

### は行



### ま行



### や行



### ら行



### わ行



## II　欧米語表記

## 研究者名索引

・以下の索引の対象は現代の研究者に限られる

### I　日本語表記

#### あ行



#### か行



#### さ行



#### た行

# 参照文献

## Ⅰ　一次資料

### 1　日本語


イグナティオス『エペソのキリスト者へ』、八木誠一訳、『使徒教父文書』、荒井献編、講談社文芸文庫、一九九八年、一五七－一六八頁。

エイレナイオス『異端反駁Ⅰ』、大貫隆訳、教文館、二〇一七年。

エウセビオス『教会史』（上下）、秦剛平訳、講談社学術文庫、二〇一〇年。

『エビオン人福音書』、松永希久夫訳、『聖書外典偽典6　新約外典Ⅰ』、日本聖書学研究所編、教文館、一九七六年、四七－五四頁。

『旧約聖書』（合本版、全四冊）、岩波書店、二〇〇四－二〇〇五年。

『コーラン』、井筒俊彦訳、岩波文庫（上中下）、一九五七－一九五八年。

『十二使徒の教訓』、佐竹明訳、『使徒教父文書』、荒井献編、講談社文芸文庫、一九九八年、二七－四〇頁。

『新約聖書』（合本版）、岩波書店、二〇〇四年。

『聖書』新共同訳、日本聖書協会、一九八七年。

『聖書』聖書協会共同訳、日本聖書協会、二〇一八年。

『闘技者トマスの書』、荒井献訳、『ナグ・ハマディ文書Ⅲ　説教・書簡』、岩波書店、一九九八年、三九—五八頁。

『トマスによるイエスの幼児物語』、八木誠一・伊吹雄訳、『聖書外典偽典6・新約外典Ⅰ』、教文館、一九七六年、一一七—一三八頁。

『使徒ユダ・トマスの行伝』、荒井献訳、『新約聖書外典』、荒井献編、講談社文芸文庫、一九九七年、二七五—四一八頁。

『トマスによる福音書』、荒井献訳、講談社学術文庫、一九九四年。

ヒッポリュトス『全異端反駁』、大貫隆訳、教文館、二〇一八年。

フィロン（アレクサンドリアの）『観想的生活・自由論』、土岐健治訳、教文館、二〇〇四年。

『ペテロの宣教集』、青野太潮訳、『聖書外典偽典・別巻・補遺Ⅱ』、教文館、一九八二年、一一五—一六五頁。

『ヘルマスの牧者』、荒井献訳、『使徒教父文書』、講談社文芸文庫、一九九八年、二七八—四五三頁。

『ヤコブ原福音書』、八木誠一・伊吹雄訳、『聖書外典偽典6・新約外典Ⅰ』、教文館、一九七六年、八三—一一四頁。

ヨセフス『ユダヤ戦記』、新見宏・秦剛平訳、山本書店（全三冊）、一九七五—一九八二年。

——『ユダヤ古代誌』、秦剛平訳、ちくま学芸文庫（全六冊）、一九九九—二〇〇〇年。

### 2 欧米語

Drower, E. S., The Canonical Prayerbook of the Mandaeans, Leiden 1959.
———, The Haran Gawaita and the baptism of Hibil Ziwa, Vatican/Rome 1953.
Epiphanius, hrsg. v. K. Holl, Bd. 1: Ancoratus und Panarion Haer.1-33, Leipzig 1915 (GCS 25).
Lidzbarski, M., Das Johannesbuch der Mandäer, Göttingen 1915.
———, Mandäische Liturgien, Göttingen 1920/21
———, Ginzâ. Der Schatz oder Das große Buch der Mandäer, Göttingen 1925.
Origène. Commentaire sur Saint Jean II, ed. C. Blanc, Paris 1970 (SC 157).
Schneemelcher,W. (Hg.), Neutestamentliche Apokryphen II: Apostolisches, Apokalypsen und Verwandtes, 5. Aufl., Tübingen 1989.
Williams, F., The Panarion of Epiphanius of Salamis, Book I (sects 1-40), Leiden 1997.

## II 二次文献

### 1 日本語

青野太潮『最初期キリスト教思想の軌跡——イエス・パウロ・その後』、新教出版社、二〇一三年。

――『パウロ　十字架の使徒』、岩波新書、二〇一六年。

――『どう読むか、新約聖書』、ヨベル新書、二〇二〇年。

浅野淳博『死と命のメタファ――キリスト教贖罪論とその批判への聖書学的応答』、新教出版社、二〇二二年。

東よしみ、書評：三浦望『第1、第2、第3ヨハネ書簡』（NTJ新約聖書注解）、日本キリスト教団出版局、二〇二〇年、『新約学研究』第四九号（二〇二一年）、八一―八五頁。

荒井　献「イエスの『神殿の言葉』――使徒行伝六章14節を中心に」、『荒井献著作集4』、岩波書店、二〇〇一年、一六九―一八五頁。

内村鑑三「非戦主義者の戦死」（一九〇四年）、『内村鑑三選集2』、岩波書店、一九九〇年、一六四―一六六頁。

――「天災と天罰及び天恵」（一九二三年）、『内村鑑三選集5』、岩波書店、一九九〇年、一五九―一六二頁。

市川　裕『ユダヤ的叡智の系譜――タルムード文化論序説』、東京大学出版会、二〇二二年。

大貫　隆『ヨハネによる福音書――世の光イエス』、日本キリスト教団出版局、一九九六年。

――『イエスという経験』、岩波書店、二〇〇三年。

――『イエスの時』、岩波書店、二〇〇六年。

――『聖書の読み方』、岩波新書、二〇一〇年、一三八頁。

――『グノーシスの神話』、岩波書店、一九九九年、講談社学術文庫、二〇一四年。

――『終末論の系譜』、筑摩書房、二〇一九年。

――「聖霊の吹いた「跡」をたどる――ヨハネ福音書によせて」、『善太先生「聖霊論」を語る』（渡辺善太著作集14）、ヨベル新書、二〇一九年、三―二四頁。

――『イエスの「神の国」のイメージ――ユダヤ主義キリスト教への影響史』、教文館、二〇二一年。

――『ヨハネ福音書解釈の根本問題――ブルトマン学派とガダマーを読む』、ヨベル、二〇二二年。

――「神も途上に・再考」、『聖書学論集』（日本聖書学研究所編）、五四号（二〇二三年）、一一二一―一四二頁。

小河　陽『パウロとペテロ』、講談社選書メチエ、二〇〇五年。

小原克博「犠牲の論理とイエスの倫理」、『福音と世界』二〇一八年三月号六―一一頁。

川越菜都美「『ヤコブ原福音書』のマリア観・女性観」、『立教大学ジェンダー・フォーラム年報』二〇号（二〇一八年）、六三―七六頁。

川島重成「パウロの死生観・復活観」、『ペディラヴィウム』七五号（二〇二〇年十二月）、五五―七二頁。

オスカー・クルマン『ペテロ――弟子・使徒・殉教者』、荒井献訳、新教出版社、一九六五年。

小林康夫『存在とは何か――〈私〉という神秘』、PHP研究所、二〇二三年。

佐竹　明『使徒パウロ』、NHK出版、一九八一年
佐藤　研「受難物語」、『旧約新約聖書大事典』、教文館、一九八九年、五九〇―五九一頁。

澤村雅史『福音書記者マタイの正体――その執筆意図と自己理解』、日本キリスト教団出版局、二〇一六年。

柴崎 聰「キリスト教文学は死をどのように表現したか——阪田寛夫、塔和子、井上ひさしの作品を通して」、『福音と世界』二〇二一年六月号三六－四一頁。

ゲルト・タイセン『批判的信仰の論拠——宗教批判に耐え得るものは何か』、荒井献・渡辺康麿訳、岩波書店、一九八三年。

——『新約聖書 歴史・文学・宗教』、大貫隆訳、教文館、二〇〇三年。

——『イエスとパウロ——キリスト教の土台と建築家』、日本新約学会編訳、教文館、二〇一二年。

——『パウロの弁護人』、大貫隆訳、教文館、二〇一八年。

——『新約聖書のポリフォニー——新しい非神話論化のために』、大貫隆訳、教文館、二〇二二年。

高橋哲哉『犠牲のシステム 福島・沖縄』、集英社新書、二〇一二年。

——「〈犠牲〉の論理とキリスト者への問い」、『神學研究』(関西学院大学神学部)六三号(二〇一六年)、一－一四頁。

月本昭男『詩篇の思想と信仰 I』、新教出版社、二〇〇三年。

——「苦難の僕と贖罪信仰」、『旧約聖書にみるユーモアとアイロニー』、教文館、二〇一四年、一一五－一四八頁。

——「内村鑑三の贖罪信仰——その特色と現代的意義」、名古屋聖書研究会主催「内村鑑三記念キリスト教記念講演会」(二〇一五年三月一日)講演(二〇二一年一〇月一〇日付のメールでの原稿)

田中健三「パウロの贖罪論の考察——ローマ書を中心として」、東京大学大学院総合文化研究科地域文化研究専攻、博士学位取得論文(二〇一六年七月二七日)

マルティン・ディベリウス『福音書の様式史』、辻学監訳・加山宏路・加山久夫・吉田忍訳、日本キリスト教団出版局、二〇二二年。
辻　学『ヤコブの手紙』（現代新約注解全書）、新教出版社、二〇〇二年。
ヴォルフハルト・パネンベルク『キリスト論要綱』、麻生信吾・池永倫明訳、新教出版社、一九八二年。
廣石　望「〈贖罪の犠牲〉というメタファー——イエスの死の救済論的解釈によせて」、『無教会研究』十五号（二〇一二年）、一—二五頁。
——「贖罪——新約聖書における救済論的メタファーの諸相」、『聖書学論集』五〇号（二〇一九年）、一一三—一三六頁。（日本聖書学研究所公開講座・日本新約学会（共催）、二〇一八年九月八日、於・敬和学園大学）
ルドルフ・ブルトマン『共観福音書伝承史Ⅰ—Ⅱ』、加山宏路訳、新教出版社、一九八三—一九八七年。
——『ヨハネの福音書』、杉原助訳、日本キリスト教団出版局、二〇〇五年。
松見　俊「『犠牲のシステム』とキリスト教贖罪論」、『神学論集』第七〇号、西南学院神学部、二〇一三年、一—四三頁。
三浦　望『第1、第2、第3ヨハネ書簡』（NTJ新約聖書注解）、日本キリスト教団出版局、二〇二〇年。
芳賀　力「贖罪論」、日本キリスト教団教師養成制度検討委員会主催・教師研修会講演、二〇二一年三月二〇日（オンライン）、要旨：『教団新報』四九四八・四九号（二〇二一年四月二四日付）
森山　工『贈与論の思想——マルセル・モースと〈混ざりあい〉の倫理』、インスクリプト、二〇二二年。
山口雅弘『ガリラヤに生きたイエス——いのちの尊厳と人権の回復』、ヨベル、二〇二二年。

クルト・ルドルフ『グノーシス —— 古代末期の一宗教の本質と歴史』、大貫隆・入江良平・筒井賢治訳、岩波書店、二〇〇一年。

## 2 欧米語

Alon, G., The Patriarchate of Rabban Johanan ben Zakkai, in: Ders, Jews, Judaism and the Classical World. Studies in Jewish History in the Times of the Second Temple and Talmud, Jerusalem 1977, 314-343.

Applebaum, S., The Social and Economic Status of the Jews in the Diaspora, CRI I 2, 1976, 701-727.

Becke, H.-J., Auf der Kathedra des Mose. Rabbinisch-theologische Denken und antirabbinische Polemik im Matthäus 23,1-12, Berlin 1990

Bultmann, R., Die Geschichte der synoptischen Tradition, Göttingen 1921, 7. Aufl. 1967.

Colpe, C., ὁ υἱὸς τοῦ ἀνθρώπου, ThWNT VIII, Stuttgart 1969, 403-481.

Dalman, G., Orte und Wege Jesu, 3. Aufl., Gütersloh 1924.

Dibelius, M., Die Formgeschichte des Evangeliums, Tübingen 1919, 5. Aufl. 1966.（M・ディベリウス『福音書の様式史』、辻学監訳・加山宏路・加山久夫・吉田忍訳、日本キリスト教団出版局、二〇二二年）

Drower, E.S. / Macuch, R., A Mandaic Dictionary, Oxford 1963.

Grätz, H., Jüdisch-geschichtliche Studien I: Die Söhne Bathyra בני בתירא, MGWJ 1, 1851/1852, 115-120.

Hahn, F., Christologische Hoheitstitel. Ihre Geschichte im frühen Christentum, 3. Aufl., Göttingen 1966.

Hummel, R., Auseinanderseztzung zwischen Kirche und Judentum im Matthäusevangelium, München 1963.

Jeremias, J., Die Abendmahlsworte Jesu, 3.Aufl., Göttingen 1960.

———, Jerusalem zur Zeit Jesu. Eine kulturgeschichtliche Untersuchung zur neutestamentlichen Zeitgeschichte, Leipzig 1923-1937, 3.Aufl., Göttingen1962.

Keel, O./ Küchler, M., Orte und Landschaften der Bibel 2, 1982.

Kundsin, K., Topographische Überlieferungsstoffe im Johannes-Evangeliums, Göttingen 1925.

Lohse, E., Märtyrer und Gottesknecht. Untersuchungen zur urchristlichen Verkündigung vom Sühntod Jesu Christi, Göttingen 1955.

Niederland, W. G., Folgen der Verfolgung: Das Überlebenden-Syndrom, See- lenmord. Suhrkamp-Verlag, Frankfurt am Main 1980.

Onuki, T., Gottesstrafe und Sühnetode als Deutungskategorien von Erdbeben. Diskussionen in Japan, in: P. von Gemünden/A. Merz/H. Schwier (Hgg.), "Resonanzen – Wort, Bild, Musik", Festschrift für Gerd Theißen zum 80. Geburtstag, Gütersloh 2023, 126-130.

Riesner, R., Bethany beyond the Jordan (John 1, 28). Topography, Theology and History in the Fourth Gospel, Tyndale New Testament Lecture 38 (1987) 29-63.

Rudolph, K., Die Mandäer Bd.I: Das Mandäerproblem, Göttingen 1960; Bd. II: Der Kult, 1961.

Sato, M., Q und Prophetie. Studien zur Gattungs- und Traditionsgeschichte der Quelle Q, Tübingen 1988.

Schnackenburg, R., Das Johannesevangelium, Teil I, Freiburg i.Br. 2. Aufl.,, 1967.

Schoeps, H.-J., Theologie und Geschichte des Judenchristentums,Tübingen 1949.

Stern, M., Aspects of Jewish Society. The Priesthood and other Classes, CRI 1 2, 1976, 561-630.

Strack, H. L. / Billerbeck, P., Kommentar zum Neuen Testament, Bd.5 und 6, Verzeichnis der Schriftgelehrten, hrsg. v. J. Jeremias/K. Adolph, München 1986.

Strecker, G., Das Judenchristentum in den Pseudoklementinen, Berlin 1958.

Theißen, G., Argumente für einen kritischen Glauben oder: Was hält der Religionskritik stand? 1978.

———, Der historische Jesus. Ein Lehrbuch, Göttingen 1996.

———, Wer war Jesus? Der erinnerte Jesus in historischer Sicht, Göttin- gen 2023.

———, 40 Jahre Arbeiten zum Neuen Testament 1969-2009. Ein Werkbericht über meine Arbeiten, in: ders., Von Jesus zur urchristlichen Zeichenwelt, „Neutestamentliche Grenzgänge“ im Dialog, Göttingen 2011, S.15-68.

———, Glaubenssätze. Ein kritischer Katechismus, Gütersloh 2012

———, Das Sterben Jesu „für uns“, in: ders., Resonanztheologie. Beiträge zu einer polyphonen Bibelhermeneutik, Bd. 2: Gott - Christus - Geist, Berlin, 2020, 269-289.

Tödt, H. E., Der Menschensohn in der synoptischen Überlieferung, Gütersloh 1959.

Tropitsch, E., Vom Ursprung und Ende der Metaphysik. Eine Studie zur Weltanschaungskritik, Berlin 1958.

Urbach, E. E., Class-Status and Leadership in the World of the Palestinian Sages, Jerusalem 1966.

Wengst, K., Bedrängte Gemeinde und verherrlichter Christus. Ein Versuch über das Johannesevangelium, München 1981, 3. Aufl. 1990.

**大貫　隆**（おおぬき・たかし）

1945 年静岡県浜松市生まれ。1968 年一橋大学卒業、1972 年東京大学大学院人文科学研究科西洋古典学専攻修士課程修了、1979 年ミュンヘン大学神学部修了・神学博士、1980 年東京大学大学院博士課程（前記）単位取得退学、東京女子大学専任講師、1991 年東京大学教養学部助教授、2009 年同名誉教授、自由学園最高学部長（– 2014 年）.

**主な著作**：『世の光イエス —— ヨハネ福音書のイエス・キリスト』、講談社、1984 年（改訂増補版：日本基督教団出版局、1996 年)、『福音書と伝記文学』、岩波書店、1996 年、『ロゴスとソフィア —— ヨハネ福音書からグノーシスと初期教父への道』、教文館、2001 年、『聖書の読み方』、岩波新書、2010 年、『終末論の系譜 —— 初期ユダヤ教からグノーシスまで』、筑摩書房、2019 年、『イエスの「神の国」のイメージ —— ユダヤ主義キリスト教への影響史』、教文館、2021 年 .『ヨハネ福音書解釈の根本問題 —— ブルトマン学派とガダマーを読む』、2022 年 .『グノーシス研究拾遺 —— ナグ・ハマディ文書からヨナスまで』、以上ヨベル、2023 年 .

**外国語著作**：Gemeinde und Welt im Johannesevangelium. Ein Beitrag zur Frage nach der theologischen und pragamatischen Funktion des johanneischen “Dualismus”, Neukirchen-Vluyn 1984; Heil und Erlösung. Studien zum Neuen Testament und zur Gnosis, Tübingen 2004; Jesus. Geschichte und Gegenwart, Neukirchen-Vluyn, 2006; Neid und Politik. Eine neue Lektüre des gnostischen Mythos, Göttingen 2011.

**編訳書**：ハンス・ヨナス『グノーシスと古代末期の精神 I, II』、ぷねうま舎、2015 年（2016 年度日本翻訳文化賞)、『新約聖書外典　ナグ・ハマディ文書抄』、岩波文庫、2022 年、ゲルト・タイセン『新約聖書のポリフォニー　新しい非神話論化のために』、教文館、2022 年 .

原始キリスト教の「贖罪信仰」の起源と変容

2023 年 8 月 28 日 初版発行
2024 年 9 月 30 日 再版発行

**著　者**――大貫 隆
**発行者**―― 安田正人
**発行所**―― 株式会社ヨベル　YOBEL, Inc.

〒 113-0033 東京都文京区本郷 4-1-1-5F
TEL03-3818-4851　FAX03-3818-4858
e-mail：info@yobel. co. jp

**印　刷**―― 中央精版印刷株式会社
**装　幀**―― ロゴスデザイン：長尾 優
**配給元**―日本キリスト教書販売株式会社（日キ販）
〒 162 - 0814　東京都新宿区新小川町 9 -1
振替 00130-3-60976　Tel 03-3260-5670

　ISBN978-4-909871-94-7 C0016

［書評再録　本のひろば２０２３年10月号］

# グノーシス主義研究の回顧と展望

大貫隆著
『グノーシス研究拾遺　ナグ・ハマディ文書からヨナスまで』

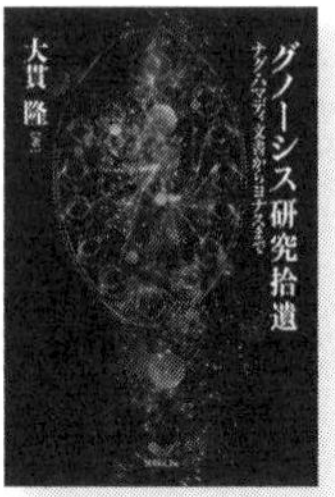


評者　荻野弘之氏

グノーシス主義（Gnostism）とは『本のひろば』の読者であれば、仄聞した方もおられよう。これは一七世紀に遡る造語（Henry Moore）で、二～三世紀にかけて東地中海地域で発生した、キリスト教の揺籃期における「最初の異端」として言及されることが多い。グノーシスとは元来「知識・認識」を意味するギリシア語で、「自分とは何者か」についての根本的洞察こそが、現世を超越した救済の到来を約束する。その意味では、梵《ぼん》我《が》一如《いちにょ》のウパニシャッド以来、東西に広く見られる宗教的認識＝救済論の一類型ともいえよう。そしてこの奥義を告げる者こそが、真の啓示者なのである。ただし教父たちからすれば、それは「誤って〈知識〉と称されている」謬説に過ぎず、またウァレンティノス派、バシレイデス派、オフィス派など、様々な分派を含んだ複雑な様相を呈している。

　こうした古代の宗教思想が、どこから生まれ、何を主張し、いかなる影響を与えたかは、実に興味深い歴史の謎に満ちている。本書は、約半世紀にわたって国内外のグノーシス主義研究を牽引してきた著者（東大名誉教授）による論文集。慎ましく「拾遺」と題するとはいえ、明快な説明と（文献的註を含む）学術的な水準とを兼備した堂々たる論文集である。グノーシス主義に興味をもつ初学者にとっても、格好の道標となるだろう。
とはいえ、グノーシス文書が一般読者の目にふれる機会は多くないし、手近なところで『ナグ・ハマディ文書抄』（岩波文庫）の頁をめくっただけでは、容易にその正体は摑みがたい。そもそも「異端思想」であるならば、キリスト教徒がまともにつき合う意味がどこにあるのか疑問にも思えよう。新約学者でもある著者は、グノーシス研究が新約研究にとって不可欠な関係にあるとする信念から、この二つの領域を架橋する研究を続けてきたが、これは必ずしもすべての聖書学者に共有されている立場とは限らない。この点が説得的でありうるかは、読者各自による検証に委ねられた、本書全体の通奏低音である。

著者のグノーシス研究は四つの側面から整理されよう。
（一）「ナグ＝ハマディ文書」の翻訳と註解。一九四五年にエジプト・ナイル川中流域のローマ時代の墳墓跡からコプト語のパピルス文書群が発掘された。いずれもギリシア原本からの翻訳で四世紀に遡り、概してその禁欲主義的な内容から近隣のパコミオス派修道院との関係が推測される。これは様々な類型のテクストを含む雑多な文書群ながら、グノーシス主義研究の一次史料として極めて重要なもの。原典から綿密な注解つきで日本語訳された（岩波書店、全四巻＋補遺、一九九七年）こと自体が記念碑的な事業である。
こうした文献研究をふまえて、本書では綿密な考証にもとづく第二論文「『三部の教え』における三層原理」と第三論文「『トマス福音書語録七七』のアニミズム【あるいは「汎神論」と言ったほうがよいか？】」の二つの論稿が収録されている。原初の神々の系譜を饒舌に語るグノーシス神話を整理し、構造化してみせる周到な説明は、まさしく考古学の発掘現場に立ち会っているかのような知的興奮を覚える。

（二）第四論文「ストアの情念論とグノーシス」は、同じくそこから派生する研究で、著者が最初に手がけた文書『ヨハネのアポクリュフォン』と『ゾーロアストロスの書』を中心に、「動揺なき状態の知覚」（一一九頁）という独特の表現をめぐってグノーシス主義に特徴的な「禁欲主義」の来歴を探ろうとする。独語の著書『グノーシスとストア』（一九八九年）の一部を敷衍する形で紹介される本格的な思想史研究である。まずは神話テクストを渉猟して、「現世の牢獄」たる身体全体に宿る悪霊たちの抱く様々な情念が、カタログ化して整理される（二〇四頁）。その上で著者は、こうした神話的情念論の背景に、ストア学派の哲学的情念論の影響を想定する。古ストア派は「蛸の足」のようにイメージされる魂の八区分説を提唱し、また鳥の羽搏《はばた》きに譬えられる、魂の過剰な運動による「誤った判断」として四つの類的情念（恐怖、欲望、苦痛、快楽）を設定し、さらにこれらの混合によって多種多様な情念を説明した。第三代学頭クリュシッポスは何と七〇種ほどの情念を分類したとも伝えられる。

ただし折衷主義が進行する時代に「古ストア派」として一括される情念論のどの段階を反映しているのかは難しい。「情念の有益性」をペリパトス派とだけ結びつける点をはじめ（二一七頁）、哲学的概念の影響関係史を見積もる点については、依然として多くの課題が残っていると思う。

（三）本書の中では言及される機会が少ないが、著者は「ナグ＝ハマディ文書」以前の研究段階における主要史料であった教父著作の翻訳（エイレナイオス『異端反駁Ｖ』、ヒッポリュトス『全異端反駁』いずれも「キリスト教教父著作集」教文館）という地味な仕事にも尽力された。正統信仰の側との葛藤や影響は、その精密な史料批判が求められることは言うまでもない。またこうした古典作品の翻訳は隣接分野の教父研究にとっても計り知れない便益を齎《もたら》すことは間違いなく、同業者としての立場からも著者に深く敬意を表するものである。

（四）第五―六論文は、文献研究からやや離れて、グノーシス主義の物語論、神話論、解釈学を扱った論稿である。それはハンス・ヨナス『グノーシスと古代末期の精神』（全二冊、ぷねうま舎）の翻訳にもとづく研究でもある。グノーシス研究の先駆者の一人ヨナスは『グノーシスの宗教』（秋山さと子・入江良平訳、人文書院）で、東西の類型の相違を導入したことで名高く、また最近では「世代間倫理」の提唱者として環境倫理学からの関心を惹いている。もっとも『グノーシスと古代末期の精神』（独語一九三四年初版）には「神話的グノーシス」と「哲学的・神秘主義的グノーシス」を区別するなど、ハイデガーによる実存分析的手法の影響を残した解釈学的論点がいくつか埋め込まれている。

第五論文「グノーシスの変容」では、こうしたヨナスの物語類型の違いの延長線上に「プロティノスは『ゾーストリアノス』の何を拒絶するのか」という問いが立てられる（二七〇頁）。神話による原因譚が神学=形而上学的な語り方に置き換わると、「現世における悪の起源」と精神に対する物質の位置づけはどう問題化されるのか。四世紀以降のキリスト教的〔新〕プラトン主義とグノーシスは何を共有し、どこで袂を分かつのか、という問いでもある。

第六論文では『ヨハネのアポクリュフォン』の中盤、語り手〔キリスト〕が自分の語っている神話の中に登場して、自己自身に（ただし三人称で）言及している、という奇妙な場面に注目する。神話の語り手が話の中に出現して啓示を齎す以上、神話を読む行為が啓示と等置されるのだ（三一七頁）。著者はこの先をさほど展開していないのだが、書評子には、『ヨハネ福音書』のイエスの語り口に酷似しているように思われてならない。

そして本書第一章「私のグノーシス研究」の中では、留学中の体験談などを交えて、著者自身について語り出している。ここにも自己言及的な啓示の構造が反映していると見るのは、いささか深読みに過ぎるだろうか。

グノーシス主義はキリスト教内部で生まれて正統から分派した異端というよりも、本来は独立の宗教的世界観が、中期プラトン主義、ユダヤ教の終末論的黙示文学、イランの伝統的な善悪二元論などと混淆して変成をとげ、それが地中海世界で形成途上にあったキリスト教を含む諸宗教に寄生的な形態をとった例が多い。

自分とは何者か。それはまさに至高神と同一の本質を宿す高貴な存在なのだ。ただし至高神と現世の創造神（ヤルダバオト）は全く捻じれた関係にあり、この世界は、高貴な存在である自己の出自を忘却させるべく巧妙に仕組まれた牢獄なのである。

とはいえ、こうした世界観を語る神話は、熱帯の密林に踏み込んだような雑然とした多神教の神々の名前、意味不明の呪文的文言に充ちている。また楽園の蛇やイエスなど旧新約聖書でお馴染みの人物が、全く反転した役柄を演じるなど、陰画のような奇妙な既視感を呼び起こす。複雑怪奇ともいえる宗教思想は、現世に対する否定的な世界観全般を理解するうえでも、重要な示唆に溢れている。

本書の論述は、明快な主張と、それを支える膨大な考証、方法論的反省とからなる。コプト語の語句の説明や専門的な研究文献への言及もあり、決して平易とはいえないが、学問的・実存的な誠実さに裏打ちされていることは間違いない。

（おぎの・ひろゆき＝上智大学文学部哲学科教授）

（四六判上製・三六八頁・定価二七五〇円税込）